"十三五"职业教育国家规划教材

值庭与安检实务（第二版）

主　编 ◎ 唐长国　赵　勇
副主编 ◎ 赵　琦　李　艳
撰稿人 ◎ （以编写章节先后为序）
　　　　唐长国　刘利峰　赵　雷
　　　　叶斌华　赵　勇　赵　琦
　　　　刘　娅　刘桂芝　李　艳

中国政法大学出版社

2021·北京

声　明　　1. 版权所有，侵权必究。
　　　　　2. 如有缺页、倒装问题，由出版社负责退换。

图书在版编目（CIP）数据

值庭与安检实务/唐长国，赵勇主编. —2版. —北京：中国政法大学出版社，2021.9
（2025.3重印）
ISBN 978-7-5764-0097-7

Ⅰ.①值… Ⅱ.①唐…②赵… Ⅲ.①司法机关－警察－工作－中国 Ⅳ.①D926.17

中国版本图书馆CIP数据核字(2021)第186068号

书　　名	值庭与安检实务 ZHI TING YU AN JIAN SHI WU	
出 版 者	中国政法大学出版社	
地　　址	北京市海淀区西土城路 25 号	
邮　　箱	fadapress@163.com	
网　　址	http://www.cuplpress.com（网络实名：中国政法大学出版社）	
电　　话	010-58908435(第一编辑部) 58908334(邮购部)	
承　　印	保定市中画美凯印刷有限公司	
开　　本	720mm×960mm　1/16	
印　　张	13.5	
字　　数	214 千字	
版　　次	2021 年 9 月第 2 版	
印　　次	2025 年 3 月第 4 次印刷	
印　　数	11001～13000 册	
定　　价	46.00 元	

出版说明

世纪之交，我国高等职业教育进入了一个以内涵发展为主要特征的新的发展时期。1999年1月，随着教育部和国家发展计划委员会《试行按新的管理模式和运行机制举办高等职业技术教育的实施意见》的颁布，各地成人政法院校纷纷开展高等法律职业教育。随后，全国大部分司法警官学校，或单独升格，或与司法学校、政法管理干部学院等院校合并组建法律类高等职业院校以举办高等法律职业教育，一些普通本科院校、非法律类高等职业院校也纷纷开设高等职业教育法律类专业，高等法律职业教育蓬勃兴起。2004年10月，教育部颁布《普通高等学校高职高专教育指导性专业目录（试行）》，将法律类专业作为一大独立的专业门类，正式确立了高等法律职业教育在我国高等职业教育中的重要地位。2005年12月，受教育部委托，司法部组建了全国高职高专教育法律类专业教学指导委员会。2012年12月，全国高职高专教育法律类专业教学指导委员会经教育部调整为全国司法职业教育教学指导委员会，积极指导并大力推进高等法律职业教育的发展。

为了进一步推动和深化高等法律职业教育教学改革，促进我国高等法律职业教育的质量提升和协调发展，原全国高职高专教育法律类专业教学指导委员会（现全国司法职业教育教学指导委员会，以下简称"行指委"）于2007年10月，启动了高等法律职业教育规划教材编写工作。自教材编写工作启动以来，行指委共组织编写、修订教材近百种，该系列教材积极响应专业人才培养模式改革要求，紧密联系课程教学模式改革需要，以工作过程为导向，对课程教学内容进行了整合，并重新设计相关学习情景、安排相应教学进程，突出培养学生在一线职业岗位所必需的职业能力及相关职业技能，体现高职教育的职业性特点。

为深入贯彻党的十九大精神和全国教育大会部署，落实党中央、国务院关于教材建设的决策部署和《国家职业教育改革实施方案》有关要求，深化职业教育"三教"改革，2019年10月，教育部职业教育与成人教育司启动了"十三五"职业教育国家规划教材建设工作。我社积极响应教育部有关职业教育国家规划教材建设的部署，从行指委组织编写的近百种教材中挑选出编写质量高、行业特色鲜明的部分教材参与申报，经过教育部一系列评审、遴选程序，我社有一批高质量的教材入选"十三五"职业教育国家规划教材。

我社以"十三五"职业教育国家规划教材建设为契机，对高职系列教材进行了全面修订。此次修订以习近平新时代中国特色社会主义思想为指导，全面推动习近平新时代中国特色社会主义思想进教材进课堂进头脑。突出职业教育的类型特点，统筹推进教师、教材、教法改革，以司法类专业教学标准为基本依据，以更深入地实施司教融合、校局联盟、校监所（企）合作、德技双修、工学结合为根本途径，以国家规划教材建设为引领，加强和改进职业教育教材建设，充分发挥教材建设在提高人才培养质量中的基础性作用，努力培养德智体美劳全面发展的高素质劳动者和技术型人才。

经过全体编写人员的共同努力和出版社编辑们的辛勤付出，"十三五"职业教育国家规划教材已陆续出版，欢迎各院校选用，敬请各选用院校和广大师生提出宝贵意见和建议，我们将及时根据教材评价和使用情况反馈对教材进行修订，逐步丰富教材内容，优化教材结构，促进教材质量不断提高。

中国政法大学出版社

2021年8月

第二版说明

我国司法警察是隶属于司法机关,依照法律规定可以使用特殊强制手段维护司法场所设施安全与司法活动秩序的执法人员,是具有武装性质的司法行政执法力量,是我国人民警察的独立警种之一。本教材紧密结合司法警察队伍建设需求,坚持以习近平新时代中国特色社会主义理论为指导,体现正确的政治立场和价值导向,全面贯彻党的教育方针,加强社会主义核心价值观教育,具有较高的思想性、科学性、时代性。

为促进"互联网+教育"背景下"十三五"教材建设,充分利用信息技术在课堂教学改革和创新方面的作用,通过移动互联网技术,以嵌入二维码的纸质教材为载体,将教材、课堂、教学资源三者融合,推进课程改革和教材创新,根据"十三五"职业教育国家规划教材建设要求,依据2019年以来最高人民法院修订、颁布的《人民法院司法警察刑事审判警务保障工作规则》《人民法院司法警察预防和处置突发事件规则》《人民法院司法警察安全检查规则》《最高人民法院关于人民法院司法警察依法履行职权的规定》等规定,对原教材内容进行了修订完善。

本教材以人民法院司法警察保障人民法院刑事审判的值庭和安全检查的职责为主线,主要阐述了司法警察履行值庭和安全检查职责的基础知识和职业能力培养等内容,突出说明了司法警察警务实战能力的培养要求;以实现专业培养目标为宗旨,以职业岗位要求为前提,以职业能力培养为本位,依据司法警察的值庭和安全检查的岗位职责的要求,打破了以知识传授为主要特征的传统学科型教材模式,转变为以工作任务为中心、以司法警察工作流程为主线组织教材内容,让学生在完成具体项目的过程中学会完成相应工作任务的职业能力。同时,本教材内容突出了对学生运用值庭和安全检查等基本知识解决庭审保障问题职业能力的训练，理论知识的选取紧紧围绕工作任务完成的需要来进行，同时又充分考虑了高等职业教育对理论知识学习的需要；教学过程中，通过校企合作、校内实训基地建设等多种途径，充分开发学习资源，给学生提供丰富的实践机会；教学效果评价采取过程评价与结果评价相结合的方式，通过理论与实践相结合，重点评价学生的职业能力，实现理实一体化，促成学生司法警务实务技能的锤炼和司法警察职业素养品格的养成。

本教材的基本框架为三大部分：一是值庭，二是安全检查，三是值庭与安检警务训练。本教材共十一章，主要内容包括值庭的概念和要求、值庭的依据和职责、值庭的组织实施、值庭的动作要领、值庭中一般情况处置、安全检查的特征和要求、安全检查的依据和职责、安全防护系统的使用、安全检查的组织实施、安全检查中的一般情况处置、值庭与安检警务训练。

本教材各章节撰写人为（以撰写章节先后为序）：

唐长国（教授）第一章；

刘利峰（讲师）第二章；

赵　雷（讲师）第三章；

叶斌华（讲师）第四章；

赵　勇（副教授）第五章、第十一章；

赵　琦（副教授）第六章；

刘　娅（讲师）第七章、第十章；

刘桂芝（副教授）第八章；

李　艳（副教授）第九章；

本教材由唐长国、赵勇统稿，唐长国审定。

本教材既可作为高等职业院校司法警务专业教学的专业教材，也可作为在职司法警察教育培训教材，并对司法警察理论和实务研究工作具有一定的参考价值。

在本书的编写过程中，编者参考、引用了许多专家、学者及实务人员的著述、观点、案例，参考、引用了一些法院的判例，在此我们一并表示衷心的感谢；本书的编写出版得到了中国政法大学出版社的鼎力相助，有关工作人员付出了辛勤的劳动，在此谨致谢忱。

由于作者水平和实践经验有限，书中疏漏乃至谬误之处在所难免，敬请各位专家和同行及广大读者批评指正，以便在今后修订时不断加以完善。

编　者
2021 年 8 月

第一版说明

我国人民法院司法警察是人民法院具有武装性质的司法力量,承担着预防、制止和惩治妨碍审判与执行活动的违法犯罪行为,维护审判与执行秩序,保障审判与执行工作顺利进行等重要职责。在我国全面推进深化改革、依法治国的背景下,人民法院面临的任务更加艰巨、承担的责任更加重大、肩负的使命更加光荣,迫切需要建设一支信念坚定、执法为民、敢于担当、清正廉洁的司法警察队伍。为满足新形势、新任务和人民群众日益增长的司法需求,切实加强人民法院司法警察人才的培养,不断提升司法警察的法治思维、技能运用、现场处置等实战本领,以适应新时期人民法院司法警务人才培养的需要,由浙江警官职业学院牵头组织力量、联合相关院校一线教学骨干,以浙江警官职业学院之前已出版的司法警务专业相关教材为基础,以最高人民法院最新颁发的一系列规范性文件为依据,在充分酝酿、集思广益的基础上精心编写了"高职院校司法警务专业系列教材"。

本系列教材主要包括《司法警察概论》《押解与看管实务》《值庭与安检实务》《法院执行实务》《突发事件处置》《司法警察业务文书制作》等,本系列教材的结构合理、图文并茂、自成体系,体现了司法警察理论与实践相结合的特点,具有较强的理论性、针对性和实践性,对于实现高职院校司法警务专业的人才培养宗旨,提升司法警务专业人才的综合素质,推进司法警务专业建设和教育教学改革,具有重要的作用。

由于时间仓促,加之理论水平和实务经验有限,书中难免有疏漏和不足之处,敬请广大读者在使用过程中提出宝贵的意见和建议,以便我们进一步修订和完善。

本系列教材编写组
2017 年 5 月

目录 CONTENTS

第一章 值庭的概念和要求 ▶ 1
　　第一节　值庭的概念和特征　/ 1
　　第二节　值庭的范围和要求　/ 7

第二章 值庭的依据和职责 ▶ 17
　　第一节　值庭的依据　/ 17
　　第二节　值庭的职责　/ 25

第三章 值庭的组织实施 ▶ 30
　　第一节　值庭的组织原则　/ 30
　　第二节　值庭的组织实施　/ 32

第四章 值庭的动作要领 ▶ 39
　　第一节　法庭的布置和要求　/ 39
　　第二节　值庭的位置和姿势　/ 43

第五章 值庭中一般情况的处置 ▶ 49
　　第一节　值庭中一般情况概述　/ 49
　　第二节　值庭中情况的处置措施　/ 52

第六章 安全检查的特征和要求 ▶ 59
　　第一节　安全检查的内涵和特征　/ 59
　　第二节　安全检查的原则和要求　/ 62

第七章 安全检查的依据和职责 ▶ 69
　　第一节　安全检查的依据　/ 69
　　第二节　安全检查人员的职责　/ 72

值庭与安检实务

第八章　安全防护系统的使用 ▶ 75
　　第一节　入侵报警系统的使用 ／ 75
　　第二节　视频安防监控系统的使用 ／ 78
　　第三节　身份识别智能管理系统的使用 ／ 85
　　第四节　防冲击、防冲撞设施的使用 ／ 89
　　第五节　防暴（爆）、防护器材的使用 ／ 93
　　第六节　车底检查镜的使用 ／ 99
　　第七节　危险液体检查仪等专用检查（探测）设备的使用 ／ 102

第九章　安全检查的组织实施 ▶ 110
　　第一节　安全检查的组织原则 ／ 110
　　第二节　安全检查前准备事项 ／ 115
　　第三节　证件查验 ／ 116
　　第四节　人身安全检查 ／ 120
　　第五节　物品检查 ／ 124
　　第六节　场所安全检查 ／ 128

第十章　安全检查中的一般情况处置 ▶ 132
　　第一节　安全检查中一般情况的类型 ／ 132
　　第二节　安全检查中一般情况的处置措施 ／ 133

第十一章　值庭与安检警务训练 ▶ 137
　　第一节　值庭警务方案的制定和演练 ／ 137
　　第二节　安全检查警务方案的制定和演练 ／ 144

附　录　▶ 152
参考文献　▶ 199

第一章 值庭的概念和要求

目标任务

通过本章学习，明确值庭的概念和特征，掌握值庭的基本要求，了解值庭的范围，树立良好的遵法守纪、举止端庄、行为文明、坚守岗位、服从指挥、公正执法的职业素养和维护公民合法权益的理念。

知识技能

值庭特征的理解；值庭原则的运用；值庭要求的遵守。

第一节 值庭的概念和特征

一、值庭的概念

（一）值庭概念的界定

1. 值庭概念的不同表述。值庭是人民法院司法活动中的内容之一，是审判工作的重要组成部分。但对于如何界定值庭的概念，最高人民法院颁布的规范性文件规定中对值庭的定义有所差别。

（1）最高人民法院于2003年颁发的《人民法院司法警察值庭规则》第2条规定中，将值庭的概念表述为："值庭是人民法院司法警察在法庭审判活动中，为维护法庭秩序，保证参与审判活动人员的安全，保证审判活动顺利进行所实施的职务行为。"

（2）2012年12月施行的《人民法院司法警察条例》中虽然没有"值庭"概念的界定，但在关于司法警察职责规定的第7条第1项规定了"维护审判秩序"，第3项规定了"刑事审判中押解、看管被告人或者罪犯，传带证人、鉴定人和传递证据"，这些应是对值庭职责的规定。

（3）2019年新修订的《人民法院司法警察刑事审判警务保障工作规则》

第 34 条对刑事审判警务保障中"值庭"的含义界定为：值庭是司法警察在刑事审判中，依法维持法庭秩序，保证参与庭审活动人员安全，保障审判活动安全有序进行的职务行为。

2. 值庭概念的界定。值庭作为人民法院审判活动中的专用名词，一直延续下来，也明确了值庭是司法警察在审判活动中的职务行为。

（1）在刑事案件庭审中，司法警察为维护法庭秩序、保证审判活动顺利进行的活动是传统或狭义概念上的值庭。值庭的产生，首先就是由刑事案件自身的特殊性引起的。由于刑事裁判具有严厉处罚性，即刑事被告人将会受到剥夺人身自由甚至生命的刑罚处罚，这就容易引起刑事被告人的对抗情绪或逃避制裁的欲望。

（2）刑事案件庭审过程具有严格的程序性，相比其他类型案件的审理，对程序的要求更高、更为严格，这也是刑罚处罚涉及人身自由或生命的必然要求。这两个因素是刑事审判活动需要司法警察值庭的出发点。

（3）在民事和行政案件审判中，特别是涉及婚姻家庭、土地征用拆迁、房产纠纷，以及其他群体性的案件等，由于当事人之间积怨较深、冲突激烈，当事人之间以及当事人对法院工作人员进行暴力侵袭等安全事件时有发生。为此，对于当事人之间矛盾容易激化的民事或行政案件，司法警察部门在接到相关业务部门的用警申请后，实施维护秩序、保障安全的行为也是值庭的应有之义。

（4）《人民法院司法警察值庭规则》和《人民法院司法警察条例》对值庭的概念均作了较为明确的界定，但也都存在着不足，前者对于值庭中有关传带证人、鉴定人和传递证据等方面的重要职能未能体现；后者则只限于刑事案件审判活动，未涵盖在民事和行政案件审判中维护法庭秩序、保证参与审判活动人员安全和审判活动顺利进行的职能。

同时，两者在表述中还存在着逻辑上的缺陷。从审判活动过程而言，其重心在于依照法律规定的有关程序要求进行案件的审理和宣判，而其中的审理活动又是重中之重。由此，作为保障审判活动的值庭，也应当围绕这一重心而展开，从这一视角来说，其逻辑结构应为"常态职责＋非常态处置＋最终目的"。即，首先是履行庭审所要求的"传带证人、鉴定人和传递证据"等常态的职责；其次是维护法庭秩序，包括审判区和旁听区两大区域的秩序；

再次是在发生扰乱法庭秩序或者危及法庭内人员安全等事件时，对这些妨害审判活动的行为予以制止和处置，以保证参与审判活动人员的安全；最后是在整体上保障审判活动的顺利进行。

因此，在本教材中，值庭应从广义上来理解，既包括刑事案件审判的值庭，也包括民事或行政案件审判的值庭。本教材将值庭的概念界定为："人民法院司法警察在法庭审判活动中，传带证人、鉴定人、有专门知识的人或者其他诉讼参与人，传递、展示证据，维护法庭秩序，制止妨害审判活动的行为，保证参与审判活动人员的安全，保障审判活动顺利进行所实施的职务行为。"

（二）值庭内涵的理解

根据以上对值庭概念的分析和界定，就其内涵而言，可以从以下几方面理解：

1. 值庭是人民法院庭审活动的重要组成部分。法庭审判活动是人民法院行使审判权的重要方式，只有经过法庭审理，才能对刑事被告人定罪量刑，对民事或者行政案件做出裁决。因此，无论是刑事诉讼，还是民事或者行政诉讼，庭审活动都是诉讼活动的中心环节和核心阶段。同时，法庭审判活动是人民法院对具体案件进行审理和裁判的重要司法活动，是查明案件事实和适用法律解决纠纷与争端的直接体现。值庭是司法警察在庭审活动中依法履行的一种职务行为，对保障审判活动的有序进行，维护法庭审判的严肃性，有效地维护法律的尊严和人民法院司法工作的权威具有重要的功能。

2. 值庭的常态性职责是协助审判人员完成庭审活动。在值庭过程中，司法警察的首要职责是按照审判长或独任审判员的指令传带证人、鉴定人及时到庭参与庭审活动，有序地传递、展示证据材料，维护法庭纪律和秩序。值庭对审判活动有序协调地进行起着积极的作用，是体现程序正义和提高诉讼效率的重要方式之一。

3. 值庭的非常态性职责是制止妨害审判活动的行为，保障法庭内人员的安全。良好的审判秩序关系到人民法院审判职能的履行，关系到当事人合法权益的实现，关系到社会的和谐稳定。在法庭审判活动中，有可能发生严重影响法庭秩序甚至危及法庭内人员安全的情况。

在庭审过程中，有可能发生个别或少数旁听人员实施煽动、哄闹、冲击法庭等扰乱法庭秩序的行为，甚至实施抢夺被告人等其他更严重的违法犯罪行为等情况。对于上述种种情形，一方面，值庭的司法警察应当积极采取预防措施，避免此类情况的发生；另一方面，应当及时、有效、果断地制止此类扰乱法庭秩序和危及法庭内人员安全的行为。为此，值庭不仅要参与庭审的有关活动，还应当履行制止妨害审判活动的行为，以及保障法庭内人员安全的职责。

4. 值庭的最终目的是保障人民法院审判活动的顺利进行。首先，司法警察通过传带证人、鉴定人，传递证物等行为，配合审判人员顺利完成庭审活动。其次，司法警察通过维护法庭秩序，制止违反法庭纪律、妨碍审判活动的行为，以保障审判活动的顺利进行。

二、值庭的特征

（一）值庭的严肃性

庄严肃穆的审判法庭，是人民法院司法活动中最具有典型性和代表性的场所。安全有序的庭审环境，是人民法院履行宪法法律赋予的职责，有效发挥司法职能作用的基本保证。如有被告人脱逃、行凶等行为，或者当事人、其他诉讼参与人或旁听人员破坏法庭秩序的行为，将会损害人民法院的司法权威和司法形象。

法庭的严肃性代表着宪法法律的尊严权威和人民法院的庄严神圣，而值庭的重要功能之一就是维护法庭审判活动的严肃性。庭审过程中，值庭人员在警容严整、态度严肃、动作规范、姿态端庄、服从指令等方面的展现，对营造法庭威严的氛围起到了积极的作用。

（二）值庭的保障性

值庭是法庭审理的司法活动与司法警察职权行使的结合。值庭具有司法活动的性质，它是庭审活动过程中法定程序内在的组成部分，诸如传带证人、鉴定人，传递、出示证物等。这些司法警察的职务行为，不仅是为人民法院审判活动严肃性和权威性提供保障，也是为人民法院在依法行使司法权的过程中体现程序性提供保障。

同时，由于值庭的内涵包括对违反法庭纪律或者扰乱法庭秩序的人员进行制裁的执行权力，故而也为法庭正常审判秩序和法庭内人员的安全提供了有力的保障。

（三）值庭的服从性

1. 服从法律法规的规定。在庭审活动中，值庭是一种执行法律法规所赋予的职权行为，从而必须服从于法律法规，值庭的一切行为都必须服从法律法规的要求。

（1）值庭活动的范围必须符合法律规范的规定，即司法警察的值庭工作应以有关的法律法规为依据，在审理案件的法庭内承担相应的职责。

（2）值庭活动的过程必须符合法律法规。庭审活动本身具有程序性和前后阶段的顺序性，这就决定了值庭活动应当严格按照庭审活动的要求进行。

（3）值庭司法警察行为必须在法律法规规定的范围内进行。

2. 服从审判人员的指令。值庭是在案件审理中所进行的司法活动，是司法警察为确保庭审活动顺利进行所履行的职务行为。根据我国《中华人民共和国刑事诉讼法》（以下简称《刑事诉讼法》）、《中华人民共和国民事诉讼法》（以下简称《民事诉讼法》）、《中华人民共和国行政诉讼法》（以下简称《行政诉讼法》）的有关规定，以及2016年5月1日起施行的《中华人民共和国人民法院法庭规则》（以下简称《人民法院法庭规则》）第17条第1款明确规定："全体人员在庭审活动中应当服从审判长或独任审判员的指挥，尊重司法礼仪，遵守法庭纪律……"

可见，庭审活动是在审判人员依照程序主持下进行的，审判长（或独任审判员）是庭审中最具权威的组织者和指挥者，法庭内的一切活动需听从审判人员的指挥。在法庭审判过程中，由审判长（或独任审判员）依照程序组织庭审活动，指挥和负责查明当事人是否到庭，发布传唤当事人和诉讼参与人的指令，组织当事人进行举证，许可当事人发问以及辩论等，宣布开庭、法庭调查、法庭辩论、当事人的最后陈述等诉讼过程的进行。因此，值庭司法警察在法庭上应当服从审判长（或独任审判员）的指令行使值庭职责。

同时，值庭司法警察为保证庭审活动顺利进行，依法采取措施制止当事人、其他诉讼参加人和旁听人员违反法庭纪律或者扰乱法庭秩序的行为，也须在审判长或者独任审判员的指令下进行。

值得注意的是，出现危及法庭内人员人身安全，严重扰乱法庭秩序，被告人、罪犯、被羁押或者正在服刑的当事人自杀、自伤、脱逃等紧急情况时，人民法院司法警察可以直接采取必要的处置措施。

（四）值庭的强制性

值庭活动是一种法定的权力，具有国家强制力。我国《刑事诉讼法》第199条规定："在法庭审判过程中，如果诉讼参与人或者旁听人员违反法庭秩序，审判长应当警告制止。对不听制止的，可以强行带出法庭；情节严重的，处以1000元以下的罚款或者15日以下的拘留。罚款、拘留必须经院长批准。被处罚人对罚款、拘留的决定不服的，可以向上一级人民法院申请复议。复议期间不停止执行。对聚众哄闹、冲击法庭或者侮辱、诽谤、威胁、殴打司法工作人员或者诉讼参与人，严重扰乱法庭秩序，构成犯罪的，依法追究刑事责任。"我国《民事诉讼法》第十章"对妨害民事诉讼的强制措施"中的第109条～第111条以及《行政诉讼法》第59条等都作出了采取强制措施的相关规定。

《人民法院司法警察条例》第8条规定，在法庭审判过程中，人民法院司法警察应当按照审判长或者独任审判员的指令，对违反法庭规则，哄闹、冲击法庭，侮辱、诽谤、威胁、殴打司法工作人员、诉讼参与人或者其他人员等扰乱法庭秩序的，依法予以强行带离，执行罚款或者拘留。出现危及法庭内人员人身安全、被告人或者罪犯脱逃等紧急情况时，人民法院司法警察应当先行采取必要措施。

2016年5月1日起施行的《人民法院法庭规则》的第19条～第21条明确规定，对违反法庭纪律的人员责令其退出法庭拒不退出法庭的，指令司法警察将其强行带出法庭；危及法庭安全或扰乱法庭秩序的，根据相关法律规定，予以罚款、拘留；构成犯罪的，依法追究其刑事责任；出现危及法庭内人员人身安全或者严重扰乱法庭秩序等紧急情况时，司法警察可以直接采取必要的处置措施；人民法院依法对违反法庭纪律的人采取的扣押物品、强行带出法庭以及罚款、拘留等强制措施，由司法警察执行；等等。

2021年1月1日起施行的《最高人民法院关于人民法院司法警察依法履行职权的规定》第2条规定：对违反法庭纪律的行为人，人民法院司法警察应当依照审判长或者独任法官的指令，予以劝阻、制止、控制，执行扣押物品、责令退出法庭、强行带出法庭、罚款、拘留等强制措施。出现危及法庭内人员人身安全，严重扰乱法庭秩序，被告人、罪犯、被羁押或者正在服刑的当事人自杀、自伤、脱逃等紧急情况时，人民法院司法警察可以直接采取必要的处置措施。

以上有关法律的规定既是值庭活动的重要依据，又表明值庭活动的法定性和国家强制性的特点。因此，在庭审活动中，如果法庭内人员有违反法庭纪律或者扰乱法庭秩序的，值庭司法警察可以依法采取强制措施，以保证法庭审判活动的顺利进行，这充分体现了值庭的强制性。

【拓展学习】

刚察法院法警值庭"四规范"有效保证庭审安全

第二节 值庭的范围和要求

一、庭审的概念与特征

（一）庭审的含义

庭审，是开庭审判或法庭审判的简称，是指人民法院在指定的场所并在各方诉讼参与人的参加下，对人民检察院提起的公诉案件或者自诉人提起自诉的刑事案件、当事人提起的民事或行政案件进行审理和裁判的诉讼活动。人民法院通过开庭或者书面形式对案件事实情节和证据等问题进行全面审查，核实并听取公诉人的意见，自诉人、被告人及原告人等的陈述；以及人民法院对案件进行审理的基础上，根据法律对案件的实体和部分程序问题作出裁判。

（二）庭审的特征

我国现行的诉讼法包括《刑事诉讼法》《民事诉讼法》和《行政诉讼法》，由此从案件的性质上分，可将案件分为刑事案件、民事案件和行政案件。由于诉讼活动和案件的性质不同，庭审的方式与内容也有所差别。但从总体上而言，三者之间存在着许多共同的特征，具体表现为如下方面：

1. 庭审是人民法院行使审判权的重要方式。人民法院是唯一行使国家审判权的机关。根据我国宪法、人民法院组织法以及诉讼法的规定，人民法院是国家的审判机关，依法行使审判权，其他任何机关、团体和个人都无权进行审判活动。因此，庭审的组织者和主持者只能是人民法院，并通过合议庭或者独任庭的审判组织形式来实现，这也是人民法院作为国家审判机关行使审判权的具体表现。

2. 庭审必须在当事人以及其他诉讼参与人的参加下才能进行。庭审活动的目的是查明案件事实，依法对案件作出裁判。因此，合议庭或者独任庭的审判人员应当既听取刑事案件中控方的意见，又听取辩方的意见；或者在民事及其他案件中既听取原告的陈述，又听取被告的陈述以后，才能作出公正的裁判。所以，一般而言，控方与辩方、原告与被告是互相联系又互相对立的矛盾双方，庭审时既不能没有控方或原告，又不能没有辩方或被告（民事案件中缺席判决和民事诉讼中某些特别程序的情形除外）。

3. 庭审是诉讼活动的中心环节和决定性的阶段。同其他有关程序相比，庭审是一种最典型、最完善的诉讼形式，控辩审三种职能在审判中都能发挥各自的作用。同时，也只有通过庭审活动才能对刑事被告人定罪量刑或者对民事、行政案件作出裁决。因为，根据我国诉讼法律的规定，证据必须在法庭上经过质证并且经过查实以后，才能作为定案的根据。可见，无论是刑事诉讼，还是民事、行政诉讼，庭审活动都是整个诉讼活动的中心环节和决定性的阶段。

二、值庭范围的确定原则

原则的基本含义是指言行所依据的准则。从法律属性而言，原则是法律规范的基础或在法律中较为稳定的准则。它的主要特点在于：不预先设定任何确定而具体的事实状态；以及其内容具有较大的包容性。根据上述对值庭基本问题的分析，确定值庭范围应遵循以下几项原则：

（一）协调原则

这项原则表现为两方面的要求：一是确定值庭范围时应注意其相对稳定性和连续性。值庭范围确定后，应适应庭审活动的程序规范性与稳定性的要求，避免随意改变。二是确定值庭范围时应注意与法庭审判权、当事人及其他诉讼参与人诉讼权利的相互配合和相互联系，以保证值庭活动有效地贯彻执行。

（二）目的原则

值庭的目的在于保障人民法院审判工作的顺利进行。因此，这个目的是确定值庭范围的一个基本限度。由于值庭活动具有维护法庭秩序和执行强制措施等权力，特别是在刑事案件的审判活动中，涉及预防或制止被告人逃跑、行凶等事件的发生，为此，在确定值庭的范围与配备人员上，应当根据案件的不同性质而有所区别和侧重，以便值庭目的的实现。

（三）社会效果原则

值庭活动不仅要以实现其根本目的为己任，而且还应达到由值庭活动产生良好的社会效果的目的。从值庭范围上说，社会效果原则表现为：首先，司法警察应力求达到良好的警察执法效果，以体现法庭审判活动的严肃性和法制教育性；其次，随着我国法制建设的不断完善和发展以及人民法院审判案件的庭审方式的改革，值庭的范围与要求产生了很大的影响；最后，根据各警种警察的权限规定，原先由其他警种警察履行的职责，现依规定归属于司法警察履行，从而使值庭活动不仅局限于法庭审判区域之内，还延伸至法庭审判区域之外对审判活动可能产生影响的区域。因此，社会效果成为值庭范围确定的原则之一。

【拓展学习】

一次特殊的值庭

三、值庭范围的分类

了解值庭的分类，有助于针对不同的情况，明确值庭任务的具体要求，合理配置警力，做好相应的值庭准备、组织实施和突发事件的预防与处置等工作，确保准确高效地完成值庭警务工作。根据值庭任务和要求，以及不同的划分标准，值庭类型可以作以下分类：

值庭与安检实务

（一）根据案件的性质分类

根据案件的性质，可以分为刑事审判的值庭、民事审判的值庭和行政审判的值庭。

1. 刑事审判的值庭。刑事审判的值庭，是指人民法院在控辩双方和其他诉讼参与人的参加下，依照法定的程序对刑事案件进行审判时，按照规定组织安排相应警力执行值庭警务的活动。

2. 民事审判的值庭。民事审判的值庭，是人民法院在当事人和其他诉讼参与人的参加下，依法对民事权益争议案件和非权益争议案件进行审判时，根据有关规定和案件承办部门的用警申请，组织安排相应的警力执行值庭警务的活动。

3. 行政审判的值庭。行政审判的值庭，是人民法院在当事人和其他诉讼参与人的参加下，依法对行政案件进行审判时，根据有关规定和案件承办部门的用警申请，组织安排相应的警力执行值庭警务的活动。

（二）根据案件影响程度分类

根据案件的复杂程度，可以分为一般案件审判的值庭和重（特）大案件审判的值庭。

1. 一般案件审判的值庭。此处的一般案件，主要是指案件性质较轻，案情较为简单，社会影响面不大，发生妨碍审判活动情况的可能性较小的案件。对此类案件组织实施值庭的称为一般案件审判的值庭。

2. 重（特）大案件审判的值庭。此处的重（特）大案件，主要是指案件性质严重，案情较为复杂，社会影响面大，发生妨碍审判活动情况的可能性较大的案件。对此类案件组织实施值庭的称为重（特）大案件审判的值庭。

（三）根据被告人的数量分类

根据被告人的数量，可以分为单被告人案件审判的值庭和多被告人案件审判的值庭。

1. 单被告人案件审判的值庭。单被告人案件审判的值庭，主要是指在被告人只有一人的刑事案件审判中，组织安排相应警力执行值庭警务的活动。

2. 多被告人案件审判的值庭。多被告人案件审判的值庭，主要是指在被告人两人及以上的刑事案件审判中，组织安排相应警力执行值庭警务的活动。

（四）根据旁听人员数量分类

根据旁听的情况，可分为无旁听人员案件审判的值庭、旁听人数较少案件审判的值庭和旁听人数众多案件审判的值庭。

1. 无旁听人员案件审判的值庭。无旁听人员案件审判的值庭，主要是指不公开审理，或者虽然公开审理但没有旁听人员参加的案件庭审中，组织安排相应警力执行值庭警务的活动。

2. 旁听人数较少案件审判的值庭。旁听人数较少案件审判的值庭，主要是指在参加旁听人数较少的案件庭审中，组织安排相应警力执行值庭警务的活动。

3. 旁听人数众多案件审判的值庭。旁听人数众多案件审判的值庭，主要是指在参加旁听人数较多的案件庭审中，组织安排相应警力执行值庭警务的活动。

（五）根据庭审方式分类

根据庭审方式，可分为法庭现场庭审的值庭和远程视频庭审的值庭。

1. 法庭现场庭审的值庭。法庭现场庭审的值庭，是指在人民法院内设置的法庭或其他指定的场所内，并且当事人到庭参加庭审活动的情况下，组织安排相应警力执行值庭警务的活动。

2. 远程视频庭审的值庭。远程视频庭审的值庭，是指运用现代信息化、数字化的技术，通过画面与声音同步传输，实现法官、公诉人与被告人之间的实时无障碍沟通的，在押被告人在看守所接受远程庭审的情况下，组织安排相应警力执行值庭警务的活动。

【拓展学习】

兴和县人民法院法警大队圆满完成庭审值庭任务

四、值庭的要求

值庭司法警察在履行值庭职责时，其行为的合法、规范以及言行举止与外表等方面是司法机关形象和司法活动公正性与严肃性的外在表现之一。因此，值庭司法警察在值庭时既应尽心尽力尽职并合乎法律规范地履行值庭工作的职责，又应当作为法律的执行者和维护者，以宪法和法律为行动准则，忠于职守，清正廉洁，纪律严明，服从命令，严格执法。对值庭司法警察的基本要求在于：

（一）行为规范的要求

值庭既是展现司法警察形象的重要窗口，也是体现法庭审判严肃性和威严性的外在表现之一。因此，值庭时，司法警察应当模范遵守法庭纪律，精神饱满、集中，举止端庄，行为文明，态度严肃。在庭审过程中，值庭司法警察的纪律是否严明，行为是否规范，既关系到法庭审判活动的严肃性，也影响到司法警察在公众心目中的形象。在庭审过程中，值庭司法警察应遵守以下行为规范要求：

1. 值庭司法警察在庭审活动中，应当服从审判长或独任审判员的指令，准确无误地按照审判长或独任审判员的指令，传带证人、鉴定人，传递、展示证据。

2. 值庭司法警察不得擅离岗位，不得让无关人员接触当事人，不得侮辱或变相体罚当事人以及实施其他妨害审判活动的行为。

3. 值庭司法警察应当提高警惕、细致观察、密切防范，要注意参与庭审人员及旁听人员的动态，协助负责押解的司法警察，防止扰乱法庭秩序等行为发生。

4. 在庭审过程中，遇有违反法庭规则、妨碍庭审活动的行为，应当根据审判人员指令，及时进行劝阻、制止；遇有严重扰乱法庭秩序的行为，劝阻、制止无效的，应当根据审判人员指令，及时采取强制措施；遇有被告人脱逃、当事人行凶等突发事件，值庭司法警察应当坚守岗位、沉着应对，根据情况协助押解司法警察进行处置。

5. 值庭警力的调整或者特殊情况的处置应服从司法警察负责人的指挥。

6. 其他法律法规规定的要求。

（二）外在形象的要求

对于值庭司法警察自身的言行举止及外表方面，总的要求与准则是礼貌待人、文明值勤。这一准则既是司法警察在职业形象方面的道德规范，又是司法警察职业道德人格化的体现。司法警察自身的言行举止及外表形象代表了人民法院和司法警察队伍的形象，其执法水平的高低、执法态度的好坏都将直接影响司法警察在当事人、其他诉讼参与人及旁听人员等社会公众心目中的地位，影响着人民法院和司法警察队伍的声誉。因此，在值庭时，司法警察注重良好的言行举止及外表形象等具有非常重要的意义和作用。

1. 按照规定着警服，佩戴警衔标志和警号，保持警容严整、仪态端正、身姿挺拔。

2. 要始终保持神情严肃、精神集中，语言文明，站姿坐姿要标准、端庄。不得闲谈、抽烟、玩手机，不得哈腰弓背，站姿时不得屈腿抖腿，坐姿时不得跷二郎腿，不得有其他损害司法警察形象的行为。

3. 出入法庭时，步伐要整齐，精神要饱满，双目注视前方。

4. 值庭时可采取立正、跨立姿势或坐姿。当审判长宣布"法庭调查开始"后，可采取坐姿。在有重大影响的案件庭审过程中应采取立姿，宣判时采取立正姿势。

5. 在审判区域进行替换时，应采取岗哨换岗的动作。一名司法警察值庭的在一侧换岗，两名司法警察值庭的应从两侧进入同时换岗。换岗时，在保证精神饱满、步伐整齐的同时要减轻对庭审的影响。

6. 在庭审过程中，如果当事人有外国人或者少数民族，因有着各自不同的风俗习惯，值庭司法警察应当注意尊重其风俗习惯。

7. 其他应当注意的言行举止以及外表形象的要求。

【拓展学习】

武江法院实施法警值庭特别举措保障防疫庭审两不误

 学习小结

值庭是人民法院司法活动中的内容之一，是人民法院庭审活动的重要组成部分。值庭是人民法院司法警察在法庭审判活动中，传带证人、鉴定人、有专门知识的人或者其他诉讼参与人，传递、展示证据，维护法庭秩序，制止妨害审判活动的行为，保证参与审判活动人员的安全，保障审判活动顺利进行所实施的职务行为。由此体现了值庭具有严肃性、保障性、服从性和强制性等特征。

根据人民法院审判职能和庭审的实际情况，依据不同的标准，可将值庭的范围主要分类为：根据案件的性质可划分刑事审判的值庭、民事审判的值庭和行政审判的值庭；根据案件的影响程度可划分为一般案件审判的值庭和重（特）大案件审判的值庭；根据刑事审判中被告人的数量可划分为单被告人案件审判的值庭和多被告人案件审判的值庭；等等。

值庭司法警察在履行值庭职责时，其行为的合法、规范以及言行举止与外表等方面是司法机关形象和庭审裁判严肃性和威严性的外在表现之一。因此，值庭司法警察执行值庭任务时应当遵守法庭纪律，精神集中，举止端庄，行为文明，态度严肃，坚守岗位，服从审判人员指令，不得侮辱或者变相体罚被告人，不得做其他与值庭任务无关或者违法违纪的行为，等等。

 实训练习

案例一

某日上午，某高院刑一庭在辖区某中院开庭审理被告人赵某因邻里纠纷故意杀人一案。开庭前，承担警务保障任务的中院司法警察支队经了解案件背景，及时从一审法官处获悉，被害人家属与被告人家属不仅对抗情绪激烈，且多次到各级政府及法院上访施压。为保证庭审活动安全顺利进行，支队制定了完善的庭审保障方案，在保证充足警力值庭基础上，抽调7名精干警力组成押解组。

8时30分，执行安检任务的司法警察在安检过程中，查出双方家属均携带军刺、匕首等管制刀具，引起了支队领导和值庭司法警察的高度警觉。为防不测，决定将200余名旁听人员按照被害人家属和被告人家属分别安排在法庭两侧旁听席就座，并在中间设置了近10米的隔离区域。

10时左右，当被告人赵某被带上法庭时，被害人家属和被告人家属立刻情绪激动，相互谩骂，并蜂拥冲过隔离区域混杂在一起。同时，还有十余名被害人家属跳过旁听区域进入审判区域，试图接近被告人。

面对此景，值庭司法警察和押解司法警察按照预案各司其职，押解司法警察迅速组成前凸弧状防暴队形，将被害人家属和被告人隔离开来，保证形成安全距离。与此同时，3名司法警察正面全力阻截，2名司法警察把守押解通道，另外2名司法警察将被告人押回羁押室。为确保被告人安全万无一失，支队迅速将被告人换押到其他安全场所。

此时，值庭司法警察组成人墙，全力劝阻陆续越过隔离区的被害人家属和被告人家属，尽量阻止双方发生肢体接触。由于双方家属情绪非常激动，上百人之间互相谩骂并发生肢体冲突。在劝阻无效的情况下，为避免事态恶化，值庭司法警察动用了15支催泪喷射器朝人群上空喷射，强行将双方当事人分开，并将十余名带头闹事人员控制住。随后，通过说服教育、耐心疏导，旁听人员在司法警察的带领下，按照先原告后被告的顺序分别离开了审判法庭。

【思考问题】

（1）结合本案的情况，如何准确理解值庭的内涵？

（2）结合本案的情况，分析值庭的特征和要求。

案例二

被告人王某，男，1980年2月28日出生于某省某某市，汉族，初中文化，农民，住某省某某市某某镇。因涉嫌犯盗窃罪于2017年8月5日被某某市公安局刑事拘留，同年9月10日逮捕。现羁押于某某市看守所。

被告人徐某某，男，1985年9月18日出生于某省某某市，汉族，小学文化，农民，住某省某某市某某村。因涉嫌犯盗窃罪于2017年8月5日被某某市公安局刑事拘留，同年9月10日逮捕。现羁押于某某市看守所。

被告人凌某某，男，1981年2月15日出生于某某县，汉族，初中文化，无业，住某某县某某周居委会47号。因涉嫌犯盗窃罪于2017年8月5日被某某市公安局刑事拘留，同年9月10日逮捕。现羁押于某某市看守所。

某某市人民检察院指控被告人王某、徐某某、凌某某犯盗窃罪，于2017年12月1日向本院提起公诉。某某市法院受理后，依法公开开庭对本案进行审理。某某市人民检察院派员出庭支持公诉，被告人王某、徐某某、凌某某及辩护人王某某到庭参加诉讼。

某某市人民检察院指控：①2017年7月15日左右的一天19时许，被告人王某、徐某某乘坐被告人凌某某驾驶的小面包车从某某市窜至本市体育馆，在体育馆歌舞厅门口路边窃得袁某某停放的价值1500元的佳捷时电动自行车一辆,随后将该车推上小面包车,运到某某市销赃。②2017年7月25日凌晨5时~7时许,被告人王某、徐某某乘坐被告人凌某某驾驶的小面包车从某某市窜至本市某某街道某菜场附近,被告人王某、徐某某各拿一个"T"字形工具下车分头实施盗窃,在某菜场西门口两被告人窃得刘某某停放的价值1900元的迷你TDN03Z"小鲨鱼"电动自行车、楼某某停放的价值1950元的象神牌凌鹰电动自行车各一辆。随后两被告人将窃得的两辆电动自行车骑至本市某景区山脚下与被告人凌某某会合,将车推上小面包车,运至某某市销赃。

为证明上述指控,公诉机关向本院提供了被害人袁某某、刘某某、楼某某陈述及失窃报告,购车发票复印件,辨认笔录,现场照片及说明,价格鉴证结论书,抓获经过,刑事判决书,情况说明,被告人王某、徐某某、凌某某供述及户籍证明等相关证据,认为被告人王某、徐某某、凌某某以非法占有为目的,结伙秘密窃取他人财物,价值5350元,数额较大,均应当以盗窃罪追究刑事责任,系共同犯罪,故提请法院依法追究三被告人的刑事责任。

被告人王某、徐某某、凌某某对公诉机关指控的盗窃犯罪事实供认不讳,并对公诉机关提交的指控证据无异议。被告人凌某某请求从轻处罚,其辩护人提出辩护意见,认为被告人凌某某没有直接参与盗窃行为,与同案犯比较犯罪情节相对较轻,主观恶性较小;认罪态度较好,有积极的悔罪表现,在案发后能全部交代自己的犯罪事实,并通过家属向公安机关退赃2000元;系初犯,以前表现较好,请求法庭对其从轻处罚。

经庭审质证,对公诉机关移交的证据查证属实。法院对公诉机关起诉指控被告人王某、徐某某、凌某某犯盗窃罪的事实予以确认。

【思考问题】

(1)结合本案情况,值庭司法警察行使职权时应当注意哪些事项?

(2)结合本案情况,值庭司法警察应当遵循哪些要求?

【思考练习】

1. 如何理解值庭的概念?
2. 值庭的特征有哪些?
3. 值庭的工作纪律有哪些要求?
4. 值庭的行为规范有哪些要求?

第二章 值庭的依据和职责

目标任务

通过本章学习，明确司法警察值庭的法律法规依据和职责；养成规范执法、认真履职的良好职业素养。

知识技能

值庭依据；值庭职责。

第一节 值庭的依据

值庭是人民法院司法警察在法庭审判活动中，为维护法庭秩序，保证参与审判活动人员的安全，根据审判长或独任审判员的指令，依法履行职责，保证审判活动顺利进行所实施的职务行为。司法警察的值庭职务行为是司法权运作程序中不可或缺的一个部分，直接关系到司法的公正、文明、权威和效率等价值的实现。在执法实践中，司法警察应明确值庭职务行为的法律依据，把握一般值庭职责和行为规范，把握在庭审活动中出现紧急情况时的权力行使，合理行使在庭审活动中的强制措施执行权。

司法警察值庭职务行为的依据主要包括：

一、《中华人民共和国刑事诉讼法》

我国《刑事诉讼法》有关司法警察执行值庭职务行为的规定，主要有：

（一）依法维护审判秩序的执法依据

我国《刑事诉讼法》第 199 条规定，在法庭审判过程中，如果诉讼参与人或者旁听人员违反法庭秩序，审判长应当警告制止。对不听制止的，可以强行带出法庭；情节严重的，处以 1000 元以下的罚款或者 15 日以下的拘留。罚款、拘留必须经院长批准。被处罚人对罚款、拘留的决定不服的，可以向上一级人民法院申请复议。复议期间不停止执行。对聚众哄闹、冲击法庭或者侮辱、诽谤、威胁、殴打司法工作人员或者诉讼参与人，严重扰乱法庭秩序，构成犯罪的，依法追究刑事责任。

（二）依法采取强制措施的执法依据

我国《最高人民法院关于适用〈中华人民共和国刑事诉讼法〉的解释》（以下简称《刑事诉讼法解释》）第307条规定，有关人员危害法庭安全或者扰乱法庭秩序的，审判长应当按照下列情形分别处理：①情节较轻的，应当警告制止；根据具体情况，也可以进行训诫；②训诫无效的，责令退出法庭；拒不退出的，指令法警强行带出法庭；③情节严重的，报经院长批准后，可以对行为人处1000元以下的罚款或者15日以下的拘留。未经许可对庭审活动进行录音、录像、拍照或者使用即时通讯工具等传播庭审活动的，可以暂扣相关设备及存储介质，删除相关内容。有关人员对罚款、拘留的决定不服的，可以直接向上一级人民法院申请复议，也可以通过决定罚款、拘留的人民法院向上一级人民法院申请复议。通过决定罚款、拘留的人民法院申请复议的，该人民法院应当自收到复议申请之日起3日以内，将复议申请、罚款或者拘留决定书和有关事实、证据材料一并报上一级人民法院复议。复议期间，不停止决定的执行。

同时，我国《刑事诉讼法解释》第309条规定，哄闹、冲击法庭或者侮辱、诽谤、威胁、殴打司法工作人员或者诉讼参与人，危害法庭安全或者扰乱法庭秩序，构成犯罪的，依法追究刑事责任。

（三）依法强制证人到庭的执法依据

我国《刑事诉讼法》第193条规定，经人民法院通知，证人没有正当理由不出庭作证的，人民法院可以强制其到庭，但是被告人的配偶、父母、子女除外。证人没有正当理由拒绝出庭或者出庭后拒绝作证的，予以训诫，情节严重的，经院长批准，处以10日以下的拘留。被处罚人对拘留决定不服的，可以向上一级人民法院申请复议。复议期间不停止执行。

（四）依法强制当事人到庭的执法依据

我国《刑事诉讼法解释》第148条规定，对经依法传唤拒不到庭的被告人，或者根据案件情况有必要拘传的被告人，可以拘传。拘传被告人，应当由院长签发拘传票，由司法警察执行，执行人员不得少于2人。拘传被告人，应当出示拘传票。对抗拒拘传的被告人，可以使用戒具。

我国《刑事诉讼法解释》第337条规定，开庭审理单位犯罪案件，应当通知被告单位的诉讼代表人出庭……被告单位的诉讼代表人不出庭的……诉讼代表人系被告单位的法定代表人、实际控制人或者主要负责人，无正当理由拒不出庭的，可以拘传其到庭。

（五）依法传递、展示证据的执法依据

我国《刑事诉讼法解释》第247条规定，控辩双方申请证人出庭作证，出示证据，应当说明证据的名称、来源和拟证明的事实。法庭认为有必要的，应当准许；对方提出异议，认为有关证据与案件无关或者明显重复、不必要，法庭经审查异议成立的，可以不予准许。我国《刑事诉讼法解释》第248条进一步明确，已经移送人民法院的案卷和证据材料，控辩双方需要出示的，可以向法庭提出申请，法庭可以准许。需要播放录音录像或者需要将证据材料交由法庭、公诉人或者诉讼参与人查看的，法庭可以指令值庭法警或者相关人员予以协助。

二、《中华人民共和国民事诉讼法》

我国《民事诉讼法》有关司法警察执行值庭职务行为的规定，主要有：

（一）依法维护审判秩序的执法依据

我国《民事诉讼法》第110条规定，诉讼参与人和其他人应当遵守法庭规则。人民法院对违反法庭规则的人，可以予以训诫，责令退出法庭或者予以罚款、拘留。人民法院对哄闹、冲击法庭，侮辱、诽谤、威胁、殴打审判人员，严重扰乱法庭秩序的人，依法追究刑事责任；情节较轻的，予以罚款、拘留。

（二）依法采取处罚措施的执法依据

我国《民事诉讼法》第111条规定，诉讼参与人或者其他人有下列行为之一的，人民法院可以根据情节轻重予以罚款、拘留；构成犯罪的，依法追究刑事责任：①伪造、毁灭重要证据，妨碍人民法院审理案件的；②以暴力、威胁、贿买方法阻止证人作证或者指使、贿买、胁迫他人作伪证的；③隐藏、转移、变卖、毁损已被查封、扣押的财产，或者已被清点并责令其保管的财产，转移已被冻结的财产的；④对司法工作人员、诉讼参加人、证人、翻译人员、鉴定人、勘验人、协助执行的人，进行侮辱、诽谤、诬陷、殴打或者打击报复的；⑤以暴力、威胁或者其他方法阻碍司法工作人员执行职务的；⑥拒不履行人民法院已经发生法律效力的判决、裁定的。人民法院对有前款规定的行为之一的单位，可以对其主要负责人或者直接责任人员予以罚款、拘留；构成犯罪的，依法追究刑事责任。

（三）依法采取拘留措施的执法依据

我国《最高人民法院关于适用〈中华人民共和国民事诉讼法〉的解释》（以下简称《民事诉讼法解释》）第178条规定，人民法院依照民事诉讼法第110条至第114条的规定采取拘留措施的，应经院长批准，作出拘留决定书，由司法警察将被拘留人送交当地公安机关看管。《民事诉讼法解释》第179条规定，被拘留人不在本辖区的，作出拘留决定的人民法院应当派员到被拘留人所在地的人民法院，请该院协助执行，受委托的人民法院应当及时派员协助执行。被拘留人申请复议或者在拘留期间承认并改正错误，需要提前解除拘留的，受委托人民法院应当向委托人民法院转达或者提出建议，由委托人民法院审查决定。

（四）依法强制当事人到庭的执法依据

我国《民事诉讼法》第109条规定，人民法院对必须到庭的被告，经2次传票传唤，无正当理由拒不到庭的，可以拘传。《民事诉讼法解释》第174条进一步明确，《民事诉讼法》第109条规定的必须到庭的被告，是指负有赡养、抚育、扶养义务和不到庭就无法查清案情的被告。人民法院对必须到庭才能查清案件基本事实的原告，经2次传票传唤，无正当理由拒不到庭的，可以拘传。

我国《民事诉讼法解释》第235条规定，无民事行为能力的当事人的法定代理人，经传票传唤无正当理由拒不到庭，属于原告方的，比照《民事诉讼法》第143条的规定，按撤诉处理；属于被告方的，比照《民事诉讼法》第144条的规定，缺席判决。必要时，人民法院可以拘传其到庭。

我国《民事诉讼法解释》第175条规定，拘传必须用拘传票，并直接送达被拘传人；在拘传前，应当向被拘传人说明拒不到庭的后果，经批评教育仍拒不到庭的，可以拘传其到庭。

三、《中华人民共和国行政诉讼法》

我国《行政诉讼法》有关司法警察执行值庭职务行为，依法维护审判秩序的执法依据：

我国《行政诉讼法》第 59 条规定，诉讼参与人或者其他人有下列行为之一的，人民法院可以根据情节轻重，予以训诫、责令具结悔过或者处 1 万元以下的罚款、15 日以下的拘留；构成犯罪的，依法追究刑事责任：①有义务协助调查、执行的人，对人民法院的协助调查决定、协助执行通知书，无故推拖、拒绝或者妨碍调查、执行的；②伪造、隐藏、毁灭证据或者提供虚假证明材料，妨碍人民法院审理案件的；③指使、贿买、胁迫他人作伪证或者威胁、阻止证人作证的；④隐藏、转移、变卖、毁损已被查封、扣押、冻结的财产的；⑤以欺骗、胁迫等非法手段使原告撤诉的；⑥以暴力、威胁或者其他方法阻碍人民法院工作人员执行职务，或者以哄闹、冲击法庭等方法扰乱人民法院工作秩序的；⑦对人民法院审判人员或者其他工作人员、诉讼参与人、协助调查和执行的人员恐吓、侮辱、诽谤、诬陷、殴打、围攻或者打击报复的。人民法院对有前款规定的行为之一的单位，可以对其主要负责人或者直接责任人员依照前款规定予以罚款、拘留；构成犯罪的，依法追究刑事责任。罚款、拘留须经人民法院院长批准。当事人不服的，可以向上一级人民法院申请复议一次。复议期间不停止执行。

四、《最高人民法院关于人民法院司法警察依法履行职权的规定》

我国《最高人民法院关于人民法院司法警察依法履行职权的规定》有关司法警察执行值庭职务行为的规定，主要有：

（一）依法执行值庭职务行为的执法依据

我国《最高人民法院关于人民法院司法警察依法履行职权的规定》第 1 条规定，人民法院司法警察的职责：①维护审判执行秩序，预防、制止、处置妨害审判执行秩序的行为；②在刑事审判中，押解、看管被告人或者罪犯，传带证人、鉴定人、有专门知识的人或者其他诉讼参与人，传递、展示证据，执行强制证人出庭令；③在民事、行政审判中，押解、看管被羁押或者正在服刑的当事人；④在强制执行中，配合实施被执行人身份、财产、处所的调查、搜查、查封、冻结、扣押、划拨、强制迁出等执行措施；⑤执行死刑；⑥执行扣押物品、责令退出法庭、强行带出法庭、拘传、罚款、拘留等强制措施；⑦查验进入审判区域人员的身份证件，对其人身及携带物品进行安全检查；⑧协助人民法院机关安全和涉诉信访应急处置工作；⑨保护正在履行审判执行职务的司法工作人员人身安全；⑩法律、法规规定的其他职责。

（二）依法维护法庭秩序的执法依据

我国《最高人民法院关于人民法院司法警察依法履行职权的规定》第2条第1款规定，对违反法庭纪律的行为人，人民法院司法警察应当依照审判长或者独任法官的指令，予以劝阻、制止、控制，执行扣押物品、责令退出法庭、强行带出法庭、罚款、拘留等强制措施。

（三）依法维护审判区域秩序的执法依据

我国《最高人民法院关于人民法院司法警察依法履行职权的规定》第4条第1款规定，对强行进入审判区域的行为人，人民法院司法警察可以采取制止、控制、带离等强制手段，根据需要进行询问，提取、固定、保存相关证据，依法提请人民法院处以罚款、拘留等强制措施。

五、《中华人民共和国人民法院法庭规则》

我国《人民法院法庭规则》有关司法警察执行值庭职务行为的规定，主要有：

（一）依法维护法庭秩序的执法依据

我国《人民法院法庭规则》第19条第1款规定，审判长或独任审判员对违反法庭纪律的人员应当予以警告；对不听警告的，予以训诫；对训诫无效的，责令其退出法庭；对拒不退出法庭的，指令司法警察将其强行带出法庭。

（二）依法进行安全检查的执法依据

我国《人民法院法庭规则》第6条规定，进入法庭的人员应当出示有效身份证件，并接受人身及携带物品的安全检查。持有效工作证件和出庭通知履行职务的检察人员、律师可以通过专门通道进入法庭。需要安全检查的，人民法院对检察人员和律师平等对待。

（三）依法服从审判长、独任审判员指令的执法依据

我国《人民法院法庭规则》第21条规定，司法警察依照审判长或独任审

判员的指令维持法庭秩序。出现危及法庭内人员人身安全或者严重扰乱法庭秩序等紧急情况时,司法警察可以直接采取必要的处置措施。人民法院依法对违反法庭纪律的人采取的扣押物品、强行带出法庭以及罚款、拘留等强制措施,由司法警察执行。

六、《人民法院司法警察刑事审判警务保障工作规则》

最高人民法院《人民法院司法警察刑事审判警务保障工作规则》有关司法警察执行值庭职务行为的规定,主要有:

(一)依法执行值庭职务行为的执法依据

最高人民法院《人民法院司法警察刑事审判警务保障工作规则》第35条规定,司法警察值庭的职责:①维持法庭秩序;②保障参与审判活动人员安全;③传带证人、鉴定人、有专门知识的人或者其他诉讼参与人;④传递、展示证据;⑤处置违反法庭纪律、扰乱法庭秩序、危害法庭安全等行为。

(二)依法进行安全检查的执法依据

最高人民法院《人民法院司法警察刑事审判警务保障工作规则》第39条规定,司法警察发现醉酒的人、精神状态异常的人、未获得人民法院批准的未成年人或者其他不宜旁听的人员,应当阻止或者劝其退出法庭。必要时可以再次对旁听人员进行安全检查。

(三)依法服从审判长、独任审判员指令的执法依据

最高人民法院《人民法院司法警察刑事审判警务保障工作规则》第35条第1款第5项规定,依照审判长或者独任审判员的指令处置违反法庭纪律、扰乱法庭秩序、危害法庭安全等行为。

(四)依法维护法庭秩序的执法依据

最高人民法院《人民法院司法警察刑事审判警务保障工作规则》第42条规定,司法警察遇有下列违反法庭纪律的行为时,应当予以劝阻、制止,并依照审判长或者独任审判员的指令依法进一步采取强制手段或者强制措施:①鼓掌、喧哗;②吸烟、进食;③拨打或者接听电话;④未经允许对庭审活动进行录音、录像、拍照或者使用移动通信工具等传播庭审活动;⑤其他违反法庭纪律的行为。

(五)依法采取强制措施的执法依据

最高人民法院《人民法院司法警察刑事审判警务保障工作规则》第43条

规定,司法警察遇有下列危及法庭安全或者严重扰乱法庭秩序的行为时,应当立即采取必要的处置措施,并依照审判长或者独任审判员的指令依法进一步采取强制手段和强制措施:①非法携带枪支、弹药、管制刀具或者爆炸性、易燃性、放射性、毒害性、腐蚀性物品以及传染病病原体进入法庭;②哄闹、冲击法庭;③侮辱、诽谤、威胁、殴打司法工作人员或者诉讼参与人;④毁坏法庭设施,抢夺、损毁诉讼文书、证据;⑤其他危害法庭安全或者严重扰乱法庭秩序的行为。

(六)依法传递、展示证据的执法依据

最高人民法院《人民法院司法警察刑事审判警务保障工作规则》第40条规定,司法警察应当依照审判长或者独任审判员的指令准确传递、展示证据,与被告人保持安全距离,不得将证据交到被告人手中,防止证据被抢夺、损毁。

(七)依法传唤证人的执法依据

最高人民法院《人民法院司法警察刑事审判警务保障工作规则》第41条规定,司法警察应当依照审判长或者独任审判员的指令引导证人、鉴定人、有专门知识的人或者其他诉讼参与人到达指定位置,加强对被传带人员的安全保护。

七、《人民法院司法警察安全检查规则》

我国《人民法院司法警察安全检查规则》中有关司法警察执行值庭职务行为的规定,主要有:

(一)依法进行安全检查的执法依据

我国《人民法院司法警察安全检查规则》第6条规定,司法警察执行安全检查时:①对公诉人、律师等依法出庭履行职务的人员,应进行有效证件查验和登记;②对参加庭审活动的诉讼参与人、第三人和参加旁听的人员,在进行证件查验和登记的同时,还应进行人身安全检查、随身携带物品的安全检查。

(二)依法维护审判区域秩序的执法依据

我国《人民法院司法警察安全检查规则》第7条规定,下列人员不得进入审判场所:①无证件、伪造、冒用他人证件的;②未成年的(经法院批准的除外);③精神病和醉酒的;④被剥夺政治权利、正在监外服刑和被监视居住、取保候审的；⑤拒绝接受安全检查或不听从安全检查人员安排的；⑥其他可能妨害法庭审判秩序的。

【拓展学习】

曾某等扰乱法庭秩序被判刑案

第二节 值庭的职责

根据最高人民法院《人民法院司法警察条例》第3条、第7条的规定，人民法院司法警察的任务是预防、制止和惩治妨碍审判活动的违法犯罪行为，维护审判秩序，保障审判工作顺利进行。人民法院司法警察的职责是：①维护审判秩序；②对进入审判区域的人员进行安全检查；③刑事审判中押解、看管被告人或者罪犯，传带证人、鉴定人和传递证据；④执行拘传、拘留等强制措施；⑤法律、法规规定的其他职责；等等。

司法警察的值庭职务行为对于维护法律尊严和法院权威，保障审判活动的正常进行，有着不可替代的重要作用。根据最高人民法院《人民法院司法警察条例》第8条的规定，在法庭审判过程中，人民法院司法警察应当按照审判长或者独任审判员的指令，对违反法庭规则，哄闹、冲击法庭，侮辱、诽谤、威胁、殴打司法工作人员、诉讼参与人或者其他人员等扰乱法庭秩序的，依法予以强行带离，执行罚款或者拘留。出现危及法庭内人员人身安全、被告人或者罪犯脱逃等紧急情况时，人民法院司法警察应当先行采取必要措施。

一、依法维护法庭秩序

人民法院通过对刑事案件、民事案件和行政案件的审判活动，惩罚一切犯罪分子，解决民事、行政纠纷，以保卫人民民主专政政权，维护社会主义法制和社会秩序，保护社会主义全民所有的财产、劳动群众集体所有的财产、保护公民私人所有的合法财产，保护公民的人身权利、民主权利和其他权利，保障社会主义建设事业的顺利进行，通过全部审判活动教育公民忠于社会主义祖国，自觉遵守宪法和法律。而值庭职务行为在保证审判活动的有序进行，烘托法庭的庄严氛围，体现人民民主专政的威严，防止突发事件等方面都起着重要的作用。

最高人民法院《人民法院司法警察刑事审判警务保障工作规则》第42条规定，司法警察遇有违反法庭纪律的行为时，应当予以劝阻、制止，并依照审判长或者独任审判员的指令依法进一步采取强制手段或者强制措施；第43条规定，司法警察遇有危及法庭安全或者严重扰乱法庭秩序的行为时，应当立即采取必要的处置措施，并依照审判长或者独任审判员的指令依法进一步采取强制手段和强制措施。

根据最高人民法院《人民法院司法警察条例》第3条和最高人民法院《人民法院司法警察刑事审判警务保障工作规则》第34条的规定，值庭是司法警察在刑事审判中，依法维持法庭秩序，保证参与庭审活动人员安全，保障审判活动安全有序进行的职务行为。

二、保障参与审判活动人员的安全

保障参与审判活动人员的安全，包含两个方面：保障审判场所的安全；保障参与审判活动人员的安全。

（一）保障审判场所的安全

保障场所的安全是指保护或确保审判场所不受威胁，没有危险、危害或损害。这里的"审判场所"应作广义理解，既指用于进行审判活动的法庭或者临时用于审理与宣判的其他室内场所，也指为了法制宣传需要而在室外进行的大型宣传活动的露天场所。而室外露天场所的安全尤其值得重视，其安全措施的实施难度远远大于室内场所。根据最高人民法院《人民法院司法警察刑事审判警务保障工作规则》第36条的规定，司法警察部门应当根据庭审活动的时间、规模、类型、场地条件等情况，合理配备值庭警力。必要时制定专门的值庭方案。

（二）保障参与审判活动人员的安全

保障参与审判活动人员的安全是指保护或确保审判人员和其他诉讼参与

人的人身不受威胁，没有危险、危害或受到损害。审判人员和其他诉讼参与人是审判活动的主体，若在庭审活动中，他们的人身安全得不到保障，整个诉讼活动就无法正常开展，法院审判职能的实现也就更无从谈起。

这里，对于"参与审判活动人员"应作扩大理解，根据最高人民法院《人民法院司法警察刑事审判警务保障工作规则》第35条的规定，"参与审判活动人员"应包括审判人员、公诉人、辩护人和其他诉讼参与人。又根据我国《人民法院法庭规则》第9条、最高人民法院《人民法院司法警察刑事审判警务保障工作规则》第39条的规定，司法警察发现醉酒的人、精神状态异常的人、未获得人民法院批准的未成年人或者其他不宜旁听的人员，应当阻止或者劝其退出法庭。必要时可以再次对旁听人员进行安全检查。

三、传带证人、鉴定人[1]

传带证人、鉴定人，是司法警察值庭职务行为的重要职责之一，是保证诉讼活动正常进行的基本条件。证人、鉴定人和诉讼参与人依法应当到庭参加诉讼，以便人民法院查明案件事实。根据《人民法院司法警察刑事审判警务保障工作规则》等有关规定，诉讼参与人到庭参加诉讼，应按照法律规定的程序进行，司法警察应当依照审判长或者独任审判员的指令引导证人、鉴定人、有专门知识的人或者其他诉讼参与人到达指定位置，加强对被传带人员的安全保护。

四、传递、展示证据

根据我国《刑事诉讼法》第50条、第55条的规定，可以用于证明案件事实的材料，都是证据。证据必须经过查证属实，才能作为定案的根据。

---

[1] 对于"传带证人、鉴定人"，还是"传唤证人、鉴定人"，现行的有关规定中，有的规定使用"传唤"，也有的规定使用"传带"。根据2012年颁发的《人民法院司法警察条例》和2013年颁发的《人民法院司法警察执法细则（试行）》以及2019年3月1日施行的《人民法院司法警察刑事审判警务保障工作规则》的规定，采用的是"传带证人、鉴定人"。我们认为，一是依据新法优于旧法的原则，应当使用"传带"一词；二是"传带"含有传唤和引导证人、鉴定人到庭两层含义。即，根据审判长或独任审判员的指令，司法警察到候审室传唤证人、鉴定人出庭；同时，将证人、鉴定人引导至法庭指定位置。因此，使用"传带"一词的表述更为全面和恰当。

对一切案件的判处都要重证据，重调查研究，不轻信口供。根据我国《刑事诉讼法解释》第 71 条、第 248 条的规定，证据未经当庭出示、辨认、质证等法庭调查程序查证属实，不得作为定案的根据。已经移送人民法院的案卷和证据材料，控辩双方需要出示的，可以向法庭提出申请，法庭可以准许。案卷和证据材料应当在质证后当庭归还。需要播放录音录像或者需要将证据材料交由法庭、公诉人或者诉讼参与人查看的，法庭可以指令值庭法警或者相关人员予以协助。根据我国《民事诉讼法解释》第 103 条第 1 款的规定，证据应当在法庭上出示，由当事人互相质证。未经当事人质证的证据，不得作为认定案件事实的根据。

可见，传递、展示证据等是庭审过程中不可缺少的环节与组成部分，这也是庭审活动本身具有的过程性所决定的。因此，传递、展示证据是司法警察在执行值庭职务行为中的重要内容。

五、制止妨害审判活动的行为

司法警察对于违反法庭纪律，妨害审判活动的行为应当予以劝阻、制止，必要时可依法采取强制措施。根据我国《人民法院法庭规则》第 21 条的规定，司法警察依照审判长或独任审判员的指令维持法庭秩序。出现危及法庭内人员人身安全或者严重扰乱法庭秩序等紧急情况时，司法警察可以直接采取必要的处置措施。人民法院依法对违反法庭纪律的人采取的扣押物品、强行带出法庭以及罚款、拘留等强制措施，由司法警察执行。

 学习小结

最高人民法院《人民法院司法警察刑事审判警务保障工作规则》第 42 条规定，司法警察遇有违反法庭纪律的行为时，应当予以劝阻、制止，并依照审判长或者独任审判员的指令依法进一步采取强制手段或者强制措施；第 43 条规定，司法警察遇有危及法庭安全或者严重扰乱法庭秩序的行为时，应当立即采取必要的处置措施，并依照审判长或者独任审判员的指令依法进一步采取强制手段和强制措施。遇有突发事件，应全力以赴，沉着应对，果断处置，全面预防、制止一切妨害审判活动的行为，保障审判活动的顺利进行。

实训练习

某日上午，甲县人民法院对乙村原出纳员吴某某贪污一案进行开庭审理，在宣布判决时，参加旁听的吴某某之女大声叫喊其父不要在庭审笔录上签字，并不顾审判长的警告制止，和其他一起参加旁听的亲属企图翻越审判隔离栏进入审判区，致使法庭旁听人员近100人进行起哄、围攻审判人员。吴某某妻子躺在法院门口，拦截押送吴某某的囚车，致使法警无法执行公务。法院其他法警闻讯赶到现场进行劝阻，闹事者打伤5名法警。

［注］：被告人吴某某因贪污一案被一审法院判处有期徒刑2年。被告人吴某某本人对贪污事实供认不讳，但其家属认为检察机关和法院执法不公。为首和积极实施哄闹的被告人家属有：被告人吴某某的女儿吴某、儿媳郑某、儿子吴某某。

【思考问题】

（1）结合本案情况，如何准确理解司法警察在值庭过程中依法履行的职责？

（2）结合本案情况，分析司法警察在值庭过程中依法履职的依据是什么？

【思考练习】

1. 司法警察在值庭过程中，依法负有哪些职责？
2. 司法警察在值庭过程中应注意什么问题？
3. 司法警察执行值庭职务行为的法律、法规依据是什么？

第三章 值庭的组织实施

目标任务

通过本章的学习和演练，了解值庭的组织原则，初步掌握值庭组织工作的几个阶段及其相关要求；明确值庭组织实施的基本方法和要求；在警务组织实施过程中能够做到认真细致、服从命令、听从指挥、严守纪律。

知识技能

值庭组织原则的运用；值庭前准备事项的安排；值庭组织实施的操作。

第一节 值庭的组织原则

一、值庭组织的含义

组织是指按照一定的目的、任务和形式加以编制安排事物，使其成为系统或构成整体。值庭组织是指在值庭的整个过程中，根据审判活动的要求，为完成相应的值庭任务而进行一系列工作的安排活动。

一般而言，整个值庭组织工作大致包括三个方面：庭审前的值庭组织工作、庭审中的值庭组织工作和庭审后的值庭组织工作。

庭审是指人民法院在指定的场所并在各方诉讼参与人的参加下，对人民检察院提起公诉或者自诉人提起自诉的刑事案件、当事人提起的民事或行政案件进行审理和裁判的诉讼活动。人民法院通过开庭方式对案件事实、情节和证据等问题进行全面审查、核实，并听取公诉人的意见，自诉人、被告人及原告人等的陈述；在对案件进行审理的基础上，根据法律对案件的实体和部分程序问题作出裁判。因此，庭审中的值庭组织工作与实施是值庭工作的核心。

司法警察值庭的职责包括：维持法庭秩序，保障参与审判活动人员安全，传带证人、鉴定人、有专门知识的人或者其他诉讼参与人，传递、展示证据，依照审判长或者独任审判员的指令处置违反法庭纪律、扰乱法庭秩序、危害法庭安全等行为。庭审中的值庭实施是指在法庭审判活动中，司法警察部门组织司法警察根据值庭的职责实施各项职务行为，从而保证审判活动的顺利进行。

二、值庭的组织原则

为了做好值庭工作，在值庭的组织时，应当遵循下列原则：

（一）分工协作、密切配合的原则

值庭警务是一项组织协调性很强的工作，包括司法警察部门与案件承办部门，值庭司法警察与审判人员以及法庭内其他参与诉讼活动人员之间的关联性。即，既要求值庭警务负责人与案件承办部门的相关人员之间保持密切的联系，掌握被告人、当事人的基本情况和情绪动态，以便有针对性地制定值庭方案、做好防范准备；同时，又涉及值庭司法警察之间，值庭司法警察与审判人员、诉讼参与人、旁听人员之间的关系。因此，值庭警务中，应当精心组织、明确分工、密切协作，准确无误地按照审判长或独任审判员的指令，传带证人、鉴定人，传递、展示证据，确保审判活动的顺利进行。

为此，一方面，要求通过明确的分工，使每个司法警察明确各自的具体岗位和职责，避免因职责不清而造成自身的混乱；另一方面，要求各警力之间做好协作防范工作，从而做到在突发情况发生时既能立即控制审判场所的局面，又能防止法庭内人员受到侵害。

（二）确保安全、突出重点的原则

1. 确保重点人员安全。值庭的目的是确保审判活动的顺利进行，值庭时应当周密安排和处理各个方面的事务，做好应对各种突发情况的对策与措施。值庭警务应当做好防范扰乱法庭秩序的行为发生，切实保障法庭审判活动不受不法行为的干扰和妨害。因此，司法警察在值庭时，应当防范被告人、当事人、旁听人员扰乱法庭以及侵害他人行为的发生，保障审判人员、检察人员、证人、鉴定人以及法庭内其他人员的人身安全免受侵害。

2. 确保重点区域安全。值庭的区域包括审判活动区和旁听区两大组成部分，其中审判活动区是核心部分。司法警察值庭的重点是确保审判人员的安全和审判人员的指令得到有效的遵守，防止可能发生的被告人、当事人扰乱法庭秩序、侵害法庭内人员安全等行为。旁听区域的秩序对法庭审判活动有着重要影响，容易产生扰乱法庭审判秩序的隐患，因而这一区域也是值庭时不可忽视的方面。值庭司法警察应当提高警惕、细致观察、密切防范，要注意旁听人员的动态。对旁听人员影响审判活动的行为应当及时劝阻和制止；对哄闹、冲击法庭等严重扰乱法庭秩序的人员应根据审判长的指令迅速予以处理。突出重点要求在值庭时充分注意核心区域，同时又要兼顾其他区域。

第二节 值庭的组织实施

一、值庭前的准备

值庭前的组织工作是指人民法院司法警察部门在接到值庭任务后，本着"分工协作、密切配合，确保安全、突出重点"的原则，认真做好值庭前的各项准备工作。值庭前组织工作目的是部署和安排值庭的各项准备工作，为确保圆满地完成值庭任务打下良好的基础。

（一）了解和掌握案件的基本情况

司法警察部门在接到值庭任务后，应当与案件承办人取得联系，及时了解案由，庭审的地点、规模，诉讼参与人的数量，证人的姓名、数量与所在位置，可能参加旁听人员的数量，以及可能发生的情况，做到心中有数。

（二）做好与业务部门的协调沟通

人民法院的审判工作牵涉到法院的多个部门的配合，因此在开庭前，为确保庭审工作顺利进行，司法警察部门的领导还应主动与有关部门和人员联系，听取有关部门和人员的意见与要求，使值庭前的准备工作尽可能的周密完备，以确保圆满完成值庭任务。

（三）制定值庭组织实施方案

司法警察部门的指挥人员应当根据庭审的时间、案件的类型、被告人的数量、旁听人员的数量、场地条件等情况，制定相应的值庭方案和处置突发事件的应急措施。值庭的勤务方案应当包含以下内容：①明确值庭工作的主要任务和要求。②明确值庭的组织领导和值庭人员，以及各自的分工和相互的协作。③确定值庭中的安全防范措施。④提出值庭中情况处置的原则和发生问题的处置方法。

对于一些案情重大、复杂的案件，司法警察部门还应组织参加值庭任务的司法警察进行预演。

（四）明确职责和值庭工作要求

司法警察部门的指挥人员应当对参加值庭的人员进行分工，明确各自的职责，并对参加值庭的人员进行必要的有关政策和规定的教育，交待有关值庭的纪律与要求，确定处理紧急情况的方法，使参加值庭的人员在思想上有充分的准备，增强责任感，提高应变能力。

（五）对值庭场地进行安全检查

司法警察部门应对值庭任务的有关场地进行现场察看，尤其是一些大型审判活动的场地，特别是在人民法院以外的公共场所，因此对审判场所的周围环境、车辆进出路线、被告人进出通道、证人所在的位置等更要进行仔细的实地察看，以便制定相应的实施方案。

（六）做好警务装备的保障工作

司法警察值庭，应按规定佩带武器和警械，必要时还应配备相应的通信工具。值庭任务实施前，应认真进行检查，以确保装备状态良好。另一方面，应认真检查审判区域的音响、监视器、隔离带等各种设施情况，以避免因所需的装备、设备和设施的缺陷而影响审判与值庭工作的顺利进行。

二、刑事案件庭审中值庭实施

（一）审判活动区的值庭

1. 开庭前的准备和秩序维护。审判区值庭司法警察应按照预定的值庭方案进行值庭活动。值庭时应当统一着装、携带警械具，在书记员宣布法庭纪律前进入法庭。在法庭审判过程中，值庭司法警察应与押解司法警察相互配合、协作，确保庭审安全顺利进行。值庭结束后，值庭司法警察应在审判人员、诉讼参与人和旁听人员退出法庭后，再退出法庭。

2. 庭审时的协助和证物保管。庭审过程中，司法警察应当按照审判长或独任审判员的要求准确传递、展示证据材料，并注意安全，不得将证据、证物交到被告人手中，以防毁损。值庭司法警察传递证据材料时，应选择适当位置，侧向对方双手传递、展示。有刀具等凶器传递、展示时，不得将其递给被告人，应当强手握柄，弱手捏住刀具侧面，使锋利部位避开被告人，并与被告人保持一米以上距离；向审判人员、辩护人展示、向检察人员递还刀具等凶器时，以双手递交，锋利部分避开对方。

对有证人、鉴定人、翻译人员出庭的，应事先安置好证人、鉴定人、翻译人员，以便于传带；有多名证人、鉴定人时，应安排其在指定场所等候。司法警察传带证人、鉴定人、翻译人员进入法庭时，应打开通道门，引导其到达指定位置。

（二）旁听区的值庭

旁听区司法警察应在庭审前到达法庭，确认旁听人员数量，了解旁听人员基本情况，安排旁听人员依次进入法庭，引导其在规定区域就座，有条件的，应将被告人亲属和被害人亲属分区域就座，并维护好旁听区域的秩序。

庭审过程中，值庭司法警察应巡视整个法庭的情况，密切关注庭审进展，时刻注意旁听人员的情绪动态，防止妨碍法庭秩序的行为发生。应按照审判长或者独任审判员的指令，对违反法庭纪律的人员予以制止、劝阻或者采取强制措施。

（三）对违反法庭纪律行为的处置

在庭审过程中，遇有违反法庭规则、妨碍庭审活动的行为，应当根据审判人员指令，及时进行劝阻、制止甚至采取强制措施。

1. 对旁听人员未经允许录音、摄影和录像，随意走动或擅自进入审判区，鼓掌、喧哗、哄闹，擅自发言、提问，吸烟或随地吐痰，使用通信工具等一些违反法庭纪律的行为，值庭司法警察应当予以劝阻、制止。

2. 对于未经许可进入审判区等一些严重违反法庭纪律的行为，经劝阻、制止无效的；或者哄闹、冲击法庭、侮辱、威胁、殴打参与审判活动人员等严重扰乱法庭秩序的，值庭的司法警察可以依法采取强制措施。

3. 司法警察值庭时可以采取的强制措施包括：责令退出法庭、强制带离、强行扣押、收缴、检查等。

（四）值庭结束时的善后处理

1. 协助清理庭审现场和检查清点警用装备。对于庭审现场还有当事人，或者当事人近亲属以及其他旁听人员的，及时做好劝导其离开庭审场所等工作；及时清点检查有关警用装备，最后撤离庭审现场，并将警用装备及时移交给装备保管部门。

2. 及时总结汇报有关值庭情况。值庭警务结束后，应当及时向值庭警务负责人或警务部门领导汇报有关值庭情况。汇报内容可以包含以下内容：被告人的情绪波动是否有必要加强防范，是否有必要加强外围戒备，是否有必要防止人犯亲属或不明真情的群众协助人犯逃逸、行凶，等等。

三、民事、行政案件庭审中值庭实施

（一）民事、行政案件适用值庭的条件

1. 案件承办部门提出申请。民事、行政审判过程中，根据案件承办部门的用警申请，司法警察部门根据案件的具体情况安排相应的警力进行值庭，以维护民事、行政审判活动的顺利进行。

2. 适用案件的主要类型。具有以下情形的民事、行政案件，案件承办部门在进行风险评估后，认为确实需要司法警察值庭或者维护秩序的，可以提出用警申请：①在辖区内有较大社会影响的案件；②当事人及旁听人员数量众多的案件；③当事人之间矛盾容易激化的案件；④具有较大社会影响的涉外案件；⑤其他需要司法警察提供警务保障的案件。

（二）民事、行政案件庭审值庭的实施

1. 开庭前的准备和秩序维护。开庭前，司法警察应当统一着装，携带警械具，按时到达法庭，确认旁听人员数量，了解掌握旁听人员基本情况，引导旁听人员在规定区域就座。发现有未成年人、精神病人、醉酒的人和其他不宜旁听的人员，应阻止其进入审判法庭。

2. 庭审时的协助和法庭秩序维护。

（1）协助庭审活动，履行值庭职责。庭审过程中，应按照审判长或者独任审判员的指令传带证人、鉴定人，传递证据材料。同时应当注意防范当事人撕扯、毁损证据。

（2）制止违反法庭纪律的行为。当事人双方发生争吵、拉扯和互殴或其他严重违反法庭纪律的情况,值庭司法警察应先行劝阻、制止;经制止无效的,在审判长或者独任审判员的指令下强行带离法庭。

庭审活动中,值庭司法警察应按照审判长或者独任审判员的指令对违反法庭纪律的人员予以制止、劝阻或者采取强制措施,保障参与庭审活动人员的安全。

对于原、被告双方矛盾激烈或者庭审过程中双方矛盾进一步激化的案件,在值庭时首先要防范当事人一方对另一方行凶或者自残、自伤行为的发生;其次,要防范当事人因对裁判结果不满而图谋对审判人员或其他诉讼参与人进行报复,发现有危险苗头时要及时制止。

3. 庭审结束时做好善后工作。

(1) 密切注意当事人及其亲属的情绪和动态。庭审结束后,值庭司法警察仍应密切注意双方当事人及其亲属的动态,防止双方发生冲突。一旦出现应及时制止,若事态严重,应立即采取强制措施或请求公安机关协助。

(2) 协助审判人员做好笔录的核对工作。当庭审笔录需要及时核对签字时,为避免双方当事人在核对笔录时发生冲突,值庭司法警察应协同审判人员引导双方当事人到相对隔离并能避免发生冲突的场所核对笔录和签字,做好现场的安全工作,事后及时引领当事人分别离开法院。

(3) 协助清理庭审现场和检查清点警用装备。对于庭审现场还有当事人,或者当事人近亲属以及其他旁听人员的,及时做好劝导其离开庭审场所等工作;及时清点检查有关警用装备,最后撤离庭审现场,并将警用装备及时移交给装备保管部门。

(4) 及时总结汇报有关值庭情况。值庭警务结束后,应当及时向值庭警务负责人或警务部门领导汇报有关值庭情况。

【拓展学习】

《人民法院司法警察刑事审判警务保障工作规则》(部分)

学习小结

值庭的组织贯穿于值庭的整个过程中，要始终贯彻"分工协作、密切配合、确保安全、突出重点"的原则。整个值庭工作大致包括三个方面：庭审前的值庭组织工作、庭审中的值庭组织工作和庭审后的值庭组织工作。其中，庭审中的值庭组织工作与实施是值庭工作的核心。

值庭前的组织工作的目的在于做好各项准备工作，确保圆满完成值庭任务。主要有六个方面，即了解和掌握案件的基本情况，做好与业务部门的协调沟通，制定值庭组织实施方案，明确职责和值庭工作要求，对值庭场地进行安全检查和做好警务装备的保障工作。

然而并不是所有的审判活动都适用值庭，一般来说，刑事案件的审判适用值庭，而民事、行政案件需要具备一定条件才能申请适用值庭。

 实训练习

5月28日晚上9点多，某市一麦当劳餐厅里，两男四女6个人围着一名倒在地上的女子，一名光头男子大骂倒地女子"恶魔""永世不得超生"，用拖把猛击该女子，殴打过程约2分钟。有围观的群众想要上前制止，打人者放言"你们谁管谁死"。

闫某某介绍，接警后，他和另外3名民警先行到达现场，当时行凶者仍然在殴打吴某某，手段十分残忍。民警制止过程中，在吧台的3名女性嫌疑人及小男孩前往阻止民警，后续支援民警及赶来的金都百货保安将光头男子控制。往外押送时，遭到6名犯罪嫌疑人中的小男孩的阻止，一女性嫌疑人在被控制过程中，仍有攻击民警的行为。救护车赶到后，对受害人进行了现场抢救。

经查明：河北籍犯罪嫌疑人张某某（男）、其长女张某甲、次女张某乙、儿子张某丙、河北籍张某某（女）、山东籍吕某某（女）6人于案发当晚在某"麦当劳"就餐时，与邻桌的被害人发生口角，继而对被害人进行殴打。某某市局接警后，立即组织警力赶到现场，将仍在实施殴打的张某某等人当场制服抓获。被害人经送医抢救无效死亡。

同年 7 月 21 日，某某市人民检察院对 5 名被告人提起公诉。

同年 8 月 21 日上午 9 时，某某市中级人民法院在第一审判庭依法公开开庭审理此案，某某市人民检察院派员出庭支持公诉，被告人张某甲、张某某、吕某某、张某乙、张某丙及其辩护人到庭参加诉讼。被告人的亲属，被害人的亲属，媒体记者及各界人士等旁听了庭审。该日庭审只审理刑事部分。

某某市人民检察院指控，被告人张某甲、张某某、吕某某、张某乙、张某丙为发展邪教组织成员向被害人索要电话号码遭拒绝，即指认其为"恶魔"，残暴地将其杀害，情节特别恶劣，手段特别残忍，后果特别严重，其行为触犯了《中华人民共和国刑法》第 232 条之规定，应当以故意杀人罪追究刑事责任；被告人吕某某、张某甲、张某某明知"全能神"被认定为邪教组织并被取缔，仍继续组织、纠集"全能神"教徒聚会，利用互联网、计算机制作传播邪教组织信息，发展邪教组织成员，破坏国家法律、行政法规实施，情节严重，其行为触犯了《中华人民共和国刑法》第 300 条第 1 款之规定，应当以利用邪教组织破坏法律实施罪追究刑事责任。被告人吕某某、张某甲、张某某犯数罪，应当数罪并罚。

同年 10 月 11 日某某市中级人民法院一审宣判，被告人张某甲、张某某等 2 人被判死刑，被告人吕某某被判无期徒刑，被告人张某乙被判有期徒刑 10 年，被告人张某丙被判有期徒刑 7 年。

【思考问题】

（1）分析本案值庭前应当注意的事项。

（2）庭审中值庭应当注意哪些问题？

【思考练习】

1. 如何理解分工协作、密切配合原则？
2. 如何理解确保安全、突出重点原则？
3. 值庭前的准备事项有哪些？
4. 刑事案件审判活动值庭的任务和要求是什么？
5. 民事、行政案件审判活动安排司法警察值庭的条件有哪些？
6. 民事、行政案件审判活动值庭的主要任务是什么？

第四章 值庭的动作要领

目标任务

通过本章的学习和训练，首先应当知晓审判法庭的布置及功能；其次应当掌握值庭人员的位置、值庭人员的规范姿势和相应的动作要领。遵循执法规范、纪律严明的根本要求，养成严谨、文明、认真、细致的职业素养。

知识技能

法庭布置及功能的识别；值庭位置的定位；值庭姿势的要领。

第一节 法庭的布置和要求

一、法庭含义的理解

（一）法庭的基本含义

1. 物质形态上的含义。根据《人民法院法庭规则》《最高人民法院关于法庭的名称、审判活动区布置和国徽悬挂问题的通知》的规定，法庭是人民法院代表国家依法审判各类案件的专门场所。人民法院用于审判工作的整体建筑称为"审判法庭"。其中专门用于开庭审理案件的房屋称"法庭"，并可冠以序数为第一法庭、第二法庭等。基层人民法院设立的人民法庭的房屋建筑中专门用于开庭审理案件的房屋称为"法庭"。

2. 审判形态上的含义。

（1）法院内部审理不同诉讼案件的组织机构。根据案件性质设立刑事法庭、民事法庭、行政法庭等，此外，还设有专门法庭，以及根据需要设立的其他法庭等。

（2）国家为审理特种案件而设立的临时性审判机构。如中国1956年为审判日本战犯而设立的军事法庭，1980年为审判林彪、江青反革命集团而设立的特别法庭。

（3）中国基层人民法院根据地区、人口和案件情况设立的人民法庭，是基层人民法院的派出机构。

【拓展学习】

美联邦最高法院门楣上的雕像

（二）法庭建设的要求

1. 法庭正面上方应当悬挂国徽。
2. 法庭分设审判活动区和旁听区，两区以栏杆等进行隔离。
3. 审理未成年人案件的法庭应当根据未成年人身心发展特点设置区域和席位。
4. 有新闻媒体旁听或报道庭审活动时，旁听区可以设置专门的媒体记者席。
5. 刑事法庭可以配置同步视频作证室，供依法应当保护或其他确有保护必要的证人、鉴定人、被害人在庭审作证时使用。
6. 法庭应当设置残疾人无障碍设施；根据需要配备合议庭合议室，检察人员、律师及其他诉讼参与人休息室，被告人羁押室等附属场所。

二、法庭的布置

法庭由审判活动区和旁听区组成，以审判活动区为主，保证审判活动能够依法顺利进行，两区以栏杆等进行隔离。因案件类型不同，审判活动区的布置有所差别，主要表现在刑事案件和民事、行政等案件审判活动区布置上的差别。

（一）刑事案件审判法庭的布置

人民法院开庭审理刑事案件时，其审判人员、公诉人员、辩护人员及被告人的位置安排，暂仍按《最高人民法院、最高人民检察院关于人民法院审判法庭审判台、公诉台、辩护台位置的规定》文件的规定执行（见图4-1、图4-2）。

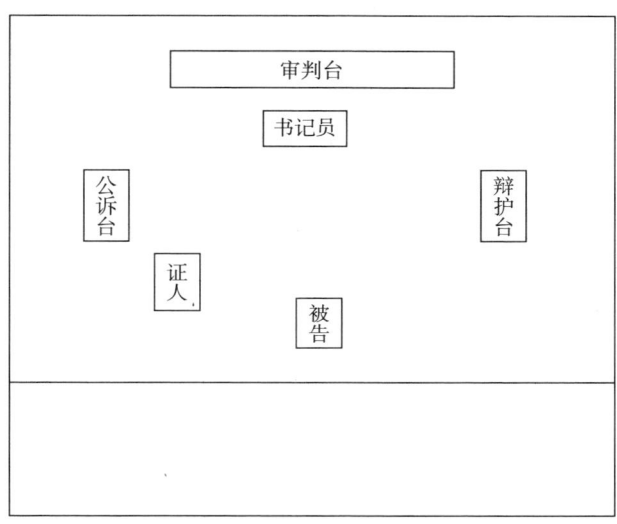

图4-1 刑事案件审判法庭布置图

图4-2 刑事案件审判法庭图片

(二) 民事和行政案件审判法庭的布置

人民法院开庭审理民事、行政案件时,审判活动区按下列规定布置:

1. 审判活动区正中前方设置法台,法台的面积应满足审判活动的需要,高度为 20~60 厘米。法台上设置法桌、法椅,作为审判人员的席位。审判长的座位在国徽下正中处,审判员或陪审员分坐两边。法桌、法椅的造型应庄重、大方,颜色应和法台及法庭内的总体色调相适应,力求严肃、庄重、和谐。

2. 法台右前方为书记员或速录员座位,同法台成 45°角,书记员座位应比审判人员座位低 20~40 厘米。

3. 审判台左前方为证人、鉴定人位置,同法台成 45°角。

4. 法台前方设原、被告及诉讼代理人席位,分两侧相对而坐,右边为原告席位,左边为被告席位,两者之间相隔不少于 100 厘米,若当事人及诉讼代理人较多,可前后设置两排座位(见图 4-3、图 4-4);也可使双方当事人平行而坐,面向审判台,右边为原告座位,左边为被告座位,两者之间相隔不少于 50 厘米。

有条件的地方,可以将书记员的座位设置在法台前面正中处,同法台成 90°角,紧靠法台,面向法台左面,其座位高度比审判人员座位低 20~40 厘米。

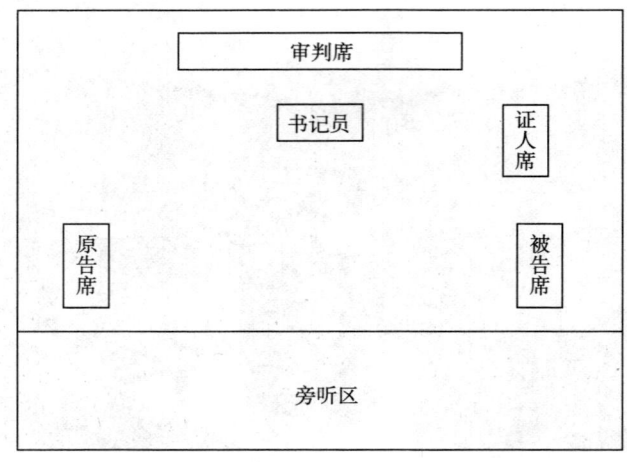

图 4-3 民事、行政案件审判法庭布置图

图 4-4 民事、行政案件审判法庭图片

【拓展学习】

世界部分国家最高法院法庭图片

第二节 值庭的位置和姿势

一、值庭人员的位置

值庭司法警察的位置是指值庭司法警察在法庭审判过程中，根据各自所侧重的值庭任务，在法庭内应处的位置。

根据值庭任务的不同侧重，一般将值庭人员分为审判活动区的值庭人员和旁听区的值庭人员,以审判活动区值庭为主。

(一)审判活动区的值庭人员的位置

在审判活动区值庭时,司法警察应当位于审判台前两侧,背向审判台,面向旁听席。在旁听区值庭时,司法警察应当位于便于观察、处置情况的适当位置。

一人值庭时,一般应在审判台前书记员与公诉人中间的位置(参见图4-5的1位置)。

两人值庭时,应在审判台前两侧,背向审判台,面向旁听席站立(参见图4-5的1、2位置)。

根据法庭设置的实际情况一般在审判台的前端,并以能清楚听取审判长的指令和不妨碍审判人员的视线为宜。

(二)旁听区值庭司法警察的位置

旁听区值庭司法警察的位置分为固定和流动两种。

司法警察在固定位置值庭时,一般在旁听区与审判活动区隔离带的两端相向而立,或者在旁听席第一排座位的两端就座。多名司法警察固定位置值庭时,根据实际情况合理部署。旁听区流动值庭,是指在法庭旁听区域的过道来回巡视(参见图4-5的A、B、C、D、E位置)。

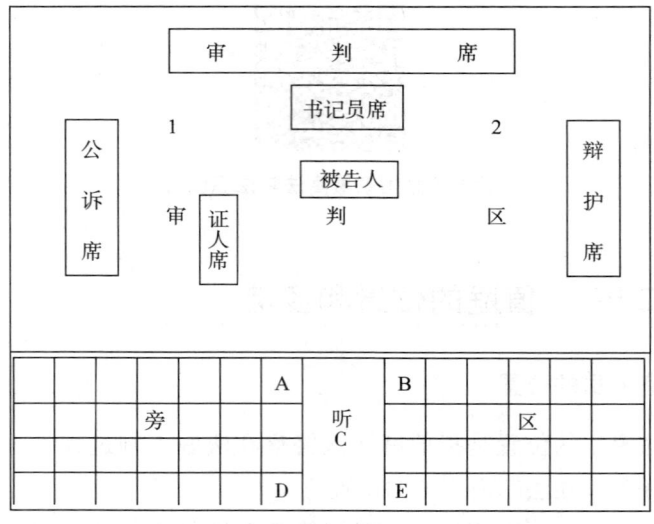

图4-5 刑事案件审判法庭布置参考图

二、值庭的姿势

（一）值庭的基本姿势

值庭的姿势是指值庭司法警察在值庭任务过程中所应取的姿势。在庭审过程中，值庭司法警察的姿势是否规范，既是法庭审判活动严肃性的表现之一，也体现了司法警察在公众中的形象。因此，值庭的姿势是值庭过程中一个不容忽视的方面。

值庭的姿势一般采取立正、跨立和坐姿，同时应目视前方，精神集中，姿势端正。

1. 立正。立正是军人、警察的基本姿势，是队列动作的基础。

动作要领：两脚跟靠拢并齐，两脚尖向外分开约 60 度；两腿挺直；小腹微收，自然挺胸；上体正直，微向前倾；两肩要平，稍向后张；两臂自然下垂，手指并拢自然微屈，拇指尖贴于食指的第二节，中指贴于裤缝；头要正，颈要直，口要闭，下颌微收，两眼向前平视。

2. 跨立。跨立即跨步站立。跨立主要用于军体操、执勤和舰艇上分区队等场合。也可与立正互换，以保持身体的平衡和稳定。

动作要领：在立正姿势的基础上，听到"跨立"的口令后，左脚向左跨出约一脚之长，两腿挺直；上体保持立正姿势，身体重心落于两脚之间；两手后背，左手握右手腕，拇指根部与外腰带下沿（内腰带上沿）同高；右手手指并拢自然弯曲，右手拇指扣住右手食指第二关节，手心向后。

3. 坐姿。坐姿即坐在椅子上的姿态。

动作要领：坐姿时，头要正，上身要挺直，目视正前方，两臂可放于椅子的扶手或大腿上，两腿分开与肩同宽，臀部坐在椅子的前 1/2 部分。坐姿要端庄，不得跷腿、盘腿。

4. 戒备姿势。在执行警务中，为应对可能出现的危险情况，所采取的警戒、预备姿势。

（二）值庭的动作要领

1. 出入法庭的动作要领。值庭司法警察出入法庭时，应以"齐步"的动作行进，步伐要规范，精神要饱满。

2. 法庭调查前的动作要领。在审判活动区值庭的司法警察，进入法庭后至审判人员入庭时采取立正姿势，双目注视前方。

3. 法庭调查时的动作要领。审判人员入庭后至法庭调查开始，采取立正或者跨立姿势，宣布判决时采取立正姿势。

其余情形可以采取跨立、坐姿或者其他戒备姿势。

4. 传递证物的动作要领。

（1）庭审过程中需要传递、出示证据材料时，值庭的司法警察行至传递或出示证据材料对象侧前方适当位置，侧向对方双手传递、出示证据材料。

（2）向被告人出示证据材料时，应与被告人保持一定距离，尤其对于易毁损的证据，更要注意安全，防止被告人借机毁损。距离的远近，应以被告人能清楚辨认证据材料又不轻易直接拿到为宜。如证据材料连同案卷等其他材料需翻页时，由出示证据的司法警察翻页，而不得将所有材料交由被告人自行翻阅。待被告人表示已辨认完毕时，应立即将证据退回审判人员。

（3）有尖刀等凶器传递、出示时，应当强手握柄，弱手捏住刀具侧面，使锋利部位避开被告人，并与被告人保持1米以上距离；向审判人员、检察人员递还凶器时，以双手托住凶器侧面，将柄把递与审判人员或检察人员。

5. 传带证人、鉴定人时的动作要领。传带证人、鉴定人时，司法警察在前，证人、鉴定人在后，引导证人、鉴定人到达证人或鉴定人席前方时，伸出手掌示意证人、鉴定人到指定位置。

6. 换岗时的动作要领。在审判活动区的值庭时间超过1小时可替换。司法警察进行值庭轮换时应采取岗哨换岗的动作，即"齐步走"的方式。一人值庭的在一侧换岗；两人值庭的应从两侧进入同时换岗。

值庭换岗时，接替的司法警察行至值庭的司法警察前方1米左右，成"立正"姿势，行"敬礼"，值庭的司法警察应迅速恢复"立正"姿势还礼，然后向审判台外侧移一步，成"立正"姿势后，再行至休息位置；同时，接替的司法警察行至站庭位置接替值庭。换岗时动作要轻，以不影响正常审判秩序为宜。

【拓展学习】

广西藤县法院值庭法警制止脱逃事件

 学习小结

　　法庭是人民法院代表国家依法审判各类案件的专门场所。法庭由审判活动区和旁听区组成，以审判活动区为主，保证审判活动能够依法顺利进行，两区以栏杆等进行隔离。因案件类型不同，审判活动区的布置有所差别，主要表现在刑事案件和民事、行政等案件审判活动区布置上的差别。

　　值庭司法警察的位置是指值庭司法警察在法庭审判过程中，根据各自所侧重的值庭任务，在法庭内应处的位置。

　　在审判活动区值庭时，司法警察应当位于审判台前两侧，背向审判台，面向旁听席。在旁听区值庭时，司法警察应当位于便于观察、处置情况的适当位置。

　　旁听区值庭司法警察的位置分为固定和流动两种。司法警察在固定位置值庭时，一般在旁听区与审判活动区隔离带的两端相向而立，或者在旁听席第1排座位的两端就座。多名司法警察固定位置值庭时，根据实际情况合理部署。旁听区流动值庭，是指在法庭旁听区域的过道来回巡视。

　　值庭的姿势是指值庭司法警察在值庭任务过程中所应取的姿势。值庭的姿势一般采取立正、跨立和坐姿，同时应目视前方，精神集中，姿势端正。

 实训练习

　　某人民法院公开开庭审理被告人薛某职务侵占一案，被告人亲属及被告人所在村村民近百人旁听庭审。庭审过程中，旁听人员数次哄闹法庭，被值庭司法警察及时制止。庭审结束后，旁听人员围攻公诉人并围堵羁押室，企图抢夺被告人。司法警察沉着冷静、不慌不乱，按照任务分工，坚守岗位，严密看管被告人，同时采取强制措施果断控制带头闹事人员，疏散围观群众，全力维护现场秩序，成功制止了一起有可能引发严重后果的突发事件。

【思考问题】

（1）本案中，对旁听人员众多的案件，应当如何配备值庭警力？

（2）本案中，对哄闹法庭的旁听人员可采取哪些强制措施？

（3）遇到此类突发事件时，值庭司法警察重点应注意哪些问题？

【思考练习】

1. 我国的审判法庭是如何布置的？
2. 庭审中，审判活动区由1名司法警察值庭时，其值庭的位置如何确定？
3. 庭审中，审判活动区由2名司法警察值庭时，其值庭的位置如何确定？
4. 值庭司法警察值庭的规范姿势有哪些？
5. 值庭的动作要领是什么？

第五章　值庭中一般情况的处置

目标任务

通过本章学习，明确值庭中一般情况的概念、特点、类型、处置原则，初步学会值庭中一般情况的处置措施，养成良好的严格规范公正文明执法、尊重社会公序良俗、保障公民合法权益的职业素质。

知识技能

值庭中一般情况的概念、特点、分类；值庭中一般情况的处置措施。

第一节　值庭中一般情况概述

一、值庭中一般情况的概念

本章所说的值庭中一般情况，是指在庭审过程中发生的，可能影响审判活动正常进行，但事态较为轻微、情况不太复杂、影响面不大的，没有造成人员伤亡或财产损失，执行值庭警务的司法警察现场就能妥善处置的情况。

需要说明的是，上述所界定的"一般情况"的内涵，与2019年3月1日起施行的《人民法院司法警察预防和处置突发事件规则》所规定的"突发事件"是不同的。该规则所说的突发事件，是指突然发生，造成或者可能造成人员伤亡、财产损失，损害司法权威，妨碍审判执行活动，危及法院安全，需要司法警察采取应急处置措施予以应对的紧急情况。

二、值庭中一般情况的特点

（一）时间特定性

值庭中的一般情况发生在庭审过程中，即从书记员走上法庭开始宣读法庭纪律开始，到书记员宣布请审判人员退庭和请旁听人员退庭结束，这个特定的时间区域内。庭审前后的刑事被告人押解和看管中发生的情况不属于值庭中出现的一般情况。

（二）区域特定性

值庭中的一般情况发生在审判活动进行中的法庭区域内，包括审判区和旁听区。庭审过程中刑事被告人或者民事行政案件的当事人庭外候审过程中发生的情况不属于值庭中出现的一般情况。

（三）情节轻微性

值庭中的一般情况虽然可能影响审判活动的正常进行，但事态较为轻微、情况不太复杂、影响面不大，没有造成人员伤亡或财产损失。

（四）处置彻底性

当一般情况发生时，值庭的司法警察能够迅速果断地加以处置，并且现场就能妥善处置，没有发生其他严重不良后果。

三、值庭中一般情况的分类

（一）按照法庭布置的区域进行分类

按照人民法院法庭布置的区域，分为审判区的一般情况和旁听区的一般情况两类。

审判区的一般情况，主要指刑事案件的被告人以及民事行政案件的当事人可能出现的吵闹、谩骂、情绪激动、疾病发作、不服从审判人员指令等情况，以及自伤、自杀、行凶、伤害、脱逃等情况，这些情况能被值庭的司法警察当场及时发现并及时制止，没有出现较大影响和危害。

旁听区的一般情况，主要指旁听人员随意走动和进入审判区，擅自发言提问，在庭审中鼓掌、喧哗、吵闹，未经许可擅自录音录像等轻微违反法庭纪律的情况；旁听人员哄闹、谩骂、侮辱、诽谤、威胁审判人员或其他人员等较为轻微扰乱法庭秩序的情况。这些情况同样能被值庭的司法警察当场及时发现并予以制止，没有出现较大影响和危害。

（二）按照审判案件的性质进行的分类

依据审判案件的性质，分为刑事案件值庭中的一般情况和民事行政案件值庭中的一般情况。

刑事案件值庭中的一般情况既包括刑事被告人可能出现的自伤、自杀、行凶、伤害、脱逃等情况，又包括旁听人员可能发生的轻微违反法庭纪律和扰乱法庭秩序的情况，这些情况能被值庭的司法警察及时发现并制止，没有出现较大影响和危害。

民事行政案件值庭中一般情况既包括民事行政案件当事人可能出现的自伤、自杀、行凶、伤害等情况，又包括旁听人员可能发生的轻微违反法庭纪律和扰乱法庭秩序的情况，这些情况能被值庭的司法警察及时发现并制止，没有出现较大影响和危害。

依据和标准不同，所进行的分类就不同，但就实质而言，值庭中一般情况的种类没有变化。下文中的处置措施主要针对的是第一种分类。

四、值庭中一般情况处置原则

值庭中一般情况处置是指人民法院对庭审过程中突然发生的，可能影响审判活动正常进行的，但事态较为轻微、情况不太复杂、影响面不大的，没有造成人员伤亡或财产损失的情况，在现场所采取的一系列处理措施的统称。

值庭中一般情况处置的原则主要有以下几个方面：

（一）预防为主与确保安全的原则

要以防止矛盾激化，防止恶性事件发生为处置工作的重点；坚持预防与处突相结合，切实做好应急处突的思想准备、预案准备、物质准备和模拟演练等工作。不论出现什么情况，要首先考虑现场人员的安全，处置时要最大限度地避免和减少人身伤害和财产损失，尤其不能伤及无辜。

（二）依法处置与区别对待的原则

处置一般情况过程中应严格按照国家法律和政策规定处置，依据《刑事诉讼法》《民事诉讼法》《人民法院司法警察刑事审判警务保障工作规则》等相关法律法规，健全各项规章制度，实现处置工作规范化、制度化、法制化。

同时，要针对不同对象、不同性质的矛盾、不同环节出现的问题、可能产生的不同后果，慎重采取不同的处置方法，做到处置有理、有据、有利。

（三）有效处置与灵活处置的原则

有效处置，就是要快速反应、果断处置、迅速控制局面，防止事态扩大。建立快速反应机制，保证预警响应、处置等环节紧密衔接，采取一切有效措施和手段来控制事态。灵活处置，就是要根据实际需要采取灵活多变的方法，既要发挥警力优势，快速处置，又要利用其他有利因素，有效解决。

（四）慎用警力与慎用警械的原则

应根据一般情况的类型和实际需要，严格用警制度和程序，能说服教育和平处理的就少用慎用警力和警械，使用警械时严格遵守《中华人民共和国人民警察使用警械和武器条例》，不要过度使用警力和警械。

【拓展学习】

房屋买卖纠纷案值庭中一般情况处置

第二节　值庭中情况的处置措施

依照人民法院法庭布置的区域划分，值庭中情况的处置措施可分为审判区一般情况的处置措施和旁听区一般情况的处置措施两类。

一、审判区一般情况的处置措施

2021年1月1日起施行的《最高人民法院关于人民法院司法警察依法履行职权的规定》（法释〔2020〕4号）第2条第2款规定：出现危及法庭内人员人身安全，严重扰乱法庭秩序，被告人、罪犯、被羁押或者正在服刑的当事人自杀、自伤、脱逃等紧急情况时，人民法院司法警察可以直接采取必要的处置措施。

（一）刑事被告人自伤、自杀、行凶、伤害等行为的情况处置

在刑事案件的庭审过程中，有可能出现刑事被告人自伤、自杀、行凶、伤害的情况，值庭司法警察应及时配合押解司法警察对其予以制止，并立即做出相应的处置。

1. 刑事被告人自伤、自杀情况的处置。发生刑事被告人自伤、自杀的情况时，比如被告人用头撞击被告笼的，押解司法警察可按住被告人的头部，

不让其继续撞击笼的边沿。此时，值庭司法警察在确保审判区安全的情况下，可协助押解的司法警察采取措施。又如被告人以头撞墙或其他坚硬物的，值庭司法警察配合押解司法警察用身体阻挡或将其拖住，并将其制服。

2. 刑事被告人行凶、伤害情况的处置。发生被告人行凶、伤害情况时，值庭司法警察主要负责保护审判人员、公诉人员和其他诉讼参与人员的安全，押解司法警察应着重制服被告人，被告人手中有凶器的，司法警察要将凶器夺下。制服被告人后，根据审判长的指令，做进一步的处理。

在处置的过程中，司法警察应当注意方式和方法，从手段上而言，以制服违法者不能继续实施侵害行为为限度，避免造成不必要的损害；同时注意，制止时不能太粗暴或使用其他有损和侮辱他人人格的方法。

（二）民事、行政案件当事人自伤、行凶等行为的情况处置

《最高人民法院关于人民法院司法警察依法履行职权的规定》第6条规定：人民法院司法警察在执行职务过程中，遇当事人或者其他人员实施自杀、自伤等行为时，应当采取措施予以制止、协助救治，对无法制止或有其他暴力行为的，可以采取保护性约束措施，并视情节移送公安机关。

民事、行政案件当事人自伤、自杀、行凶、伤害的情况处置基本上与刑事被告人自伤、自杀、行凶、伤害的情况处置相似。所不同的是注意以下情况：

1. 民事、行政案件当事人自伤、自杀、行凶、伤害的手段具有多样性、危险性大和突然性强。其实施自伤、自杀、行凶、伤害等行为的方法既可能是凶器，也可能是爆炸物、有毒有害物质等，所以法院在开庭审理之前要加强安全检查工作，不让凶器、爆炸物等进入法庭。

2. 在值庭过程中，如果当事人利用法庭内的硬物或凶器进行自伤、自杀、行凶、伤害的，处置方法基本同于刑事被告人自伤、自杀、行凶、伤害的情况处置。

3. 如果民事、行政案件当事人采取爆炸物、有毒有害物质进行自伤、自杀、行凶、伤害的，在万无一失的情况下，值庭的司法警察应迅速采取果断措施，将其制服，排除手中或身上的爆炸物、有毒有害物质，并移交有关部门处理。

4. 如果不能或难以迅速制服当事人并排除其所持的爆炸物、有毒有害物

质，在积极采取相关措施的同时，要积极对其进行有关法律、法规和思想教育；指明其行为的严重性质和法律后果，说服其放弃或停止危害他人或伤害自己的行为。经教育后，当事人悔过的，应及时收缴其手中的危险品；如果其仍无悔改之意的，则一方面通过对话方式分散其注意力，另一方面伺机接近当事人，趁其不备将其制服并排除危险物品。

（三）民事、行政案件当事人有急病的情况处置

在开庭审理时，有的民事、行政案件当事人在庭审过程中，由于体质较差或是在无可辩驳的证据面前，自知理亏而精神上难以承受，可能会出现头晕、休克或者其他急病。当发生这种情况时，司法警察应在审判长的指挥下马上对患病人员采取急救措施，并维持现场秩序，疏散家属和旁听群众；如果病人病情严重需要立即送往医院治疗，值庭的司法警察应在审判长请示院领导同意后，将病人送往医院，并及时通知民事、行政案件当事人家属。

二、旁听区一般情况的处置措施

《最高人民法院关于人民法院司法警察依法履行职权的规定》第 2 条第 1 款规定：对违反法庭纪律的行为人，人民法院司法警察应当依照审判长或者独任法官的指令，予以劝阻、制止、控制，执行扣押物品、责令退出法庭、强行带出法庭、罚款、拘留等强制措施。

（一）对旁听人员轻微违反法庭纪律的处置

根据《人民法院法庭规则》的规定，旁听人员不得录音、录像、拍照或使用移动通信工具等传播庭审活动；不得随意站立、走动和进入审判区；不得发言和提问；不得鼓掌、喧哗、哄闹和实施其他妨碍审判活动的行为。媒体记者旁听应遵守本规则，未经审判长或者独任审判员许可，不得在庭审过程中录音、录像、拍照或使用移动通信工具等传播庭审活动。

对违反法庭规则的人，司法警察应在审判员或者独任审判员的指挥下对其采取相关措施。诸如旁听人员随意走动和进入审判区，擅自发言提问的，在庭审中鼓掌、喧哗、吵闹等，警卫人员应及时加以制止，以批评教育为主，责令其改正；对经批评教育不改的，可责令其退出法庭；如其屡教不改、态度蛮横、不听从指令，可采取约束性措施，强制将其带离法庭，应注意尽量避免在法庭内发生冲突而影响审判活动的正常进行。

(二) 对旁听人员扰乱法庭秩序情况的处置

旁听人员扰乱法庭秩序情况主要是指旁听人员哄闹、冲击法庭；侮辱、诽谤、威胁审判人员或其他人员；旁听人员自杀、自伤、行凶、伤害等扰乱法庭秩序情况。

1. 对旁听人员哄闹、冲击法庭的情况处置。

（1）采取果断措施，做好说服教育。司法警察应迅速采取果断措施，控制事态的加剧发展。在采取措施坚决制止哄闹、冲击法庭情况的同时，要积极宣传有关法律、法规，指明哄闹、冲击法庭行为的严重性质和法律后果，说服大多数参加哄闹、冲击法庭行为的人员停止哄闹、冲击法庭行为。重点要做好那些有影响，带头哄闹、冲击法庭的人的说服教育工作，尽可能劝说他们带头停止哄闹、冲击法庭。

（2）依法采取强制措施。对带头哄闹的组织指挥者或有过激行为的旁听人员，应根据审判人员的指令，依法强制带离。必要时，可依法使用警械加以制止；情况紧急的，可依照有关规定使用武器。

当出现哄闹、冲击法庭的情况时，司法警察应防止闹事者进入审判区，威胁审判人员和相关人员的人身安全。一方面设法阻止闹事者或无关人员进入审判区；另一方面，如果事态一时难以平息，则应协调审判区的司法警察保护审判人员和有关人员及时撤离审判场所。

2. 对侮辱、诽谤、威胁审判人员或其他人员等扰乱法庭秩序情况的处置。对侮辱、诽谤、威胁审判人员或其他人员的，司法警察应及时制止，告知此种行为的违法性，并根据审判长的指令，将其带离审判场所；对情节严重的，可依法采取有关强制措施或移交有关部门处理。

3. 对旁听人员自杀、自伤、行凶、伤害等扰乱法庭秩序情况的处置。处置措施与审判区出现自杀、自伤、行凶、伤害等情况的处置措施相似。由于旁听区人员较多，情况也更为复杂，司法警察更应当提高警惕，防患于未然，发现情况及时迅速地进行处置。

司法警察在值庭的过程中会遇到各种各样的一般情况，在处理这些情况时，值庭司法警察要坚持值庭中的情况处置基本原则，各司其职，明确自身任务，既要维护法庭秩序，保卫法庭安全，又要保护法官、书记员、诉讼参与人和旁听群众等人员的人身和财产安全。

【拓展学习】

李某故意杀人案值庭一般情况处置

 学习小结

值庭中一般情况，是指在庭审过程中发生的，可能影响审判活动正常进行，但事态较为轻微、情况不太复杂、影响面不大的，没有造成人员伤亡或财产损失，执行值庭警务的司法警察现场就能妥善处置的情况。它具有如下特点：时间特定性；区域特定性；情节轻微性；处置彻底性。按照人民法院法庭布置的区域，值庭中一般情况分为审判区的一般情况和旁听区的一般情况；依据审判案件的性质，分为刑事案件值庭中的一般情况和民事、行政案件值庭中的一般情况。值庭中处置一般情况的原则包括：预防为主与确保安全的原则；依法处置与区别对待的原则；有效处置与灵活处置的原则；慎用警力与慎用警械的原则。

依照人民法院法庭布置的区域划分，值庭中情况的处置措施可分为审判区一般情况的处置措施和旁听区一般情况的处置措施两类。审判区一般情况的处置措施包括刑事被告人自伤、自杀、行凶、伤害等行为的情况处置；民事、行政案件当事人自伤、行凶等行为的情况处置；民事、行政案件当事人有急病的情况处置三种情况。旁听区一般情况的处置措施包括对旁听人员轻微违反法庭纪律的处置；对旁听人员扰乱法庭秩序情况的处置两种情况。

 实训练习

案例一

某日，甲诉乙名誉权纠纷案在某法院开庭审理。诉争的焦点是乙在诉甲恢复原状纠纷案件中捏造事实，诋毁甲。乙之前诉甲的案件中讼争的是土地，乙认为甲带村民将其承包的土地水泥硬化，要求恢复原状，甲认为土地经村委会决定不承包给乙了，且经过二十几年已变成公用的，村民都也走了几十年了。后乙撤诉，理由是要重新收集证据。开庭当日，旁听人员大约有20人，几乎是60多岁的大娘大婶，其中有一位80多岁的大爷。法庭是小法庭，在审判区与旁听席之间没有隔离栏。

庭审一直按程序进行，到了辩论阶段，当被告代理律师说出"原告所称的在全县范围内皆知其被诉的事情是因为他到处乱上访造成的"这一句话后，原告情绪激动，大声反驳，底下旁听人员也跟着指责被告代理律师的发言与事实不符。旁听人员有几位站起来用手指责被告代理律师为何要不实发言，而该律师此时也跟他们吵了起来。见此，几位大婶冲到被告代理律师面前，指手画脚地争吵起来，那位80多岁的大爷情绪更是激动。底下其余的旁听人员在喊："我们要通路！我们要通路！"20多人一下子就炸开了锅，场面变得一发不可收拾。

此时，法警及时进行了处置，稳控住了场面。法警队副大队长对大声嚷嚷的原告说："你有什么诉求可以书面写出来，但不要在这里无理取闹……"大概是副大队起到了一定的作用，原告不再说这么大声了。原告说："对不起啊，我是有点激动了，但是被告这么说我实在是太委屈了，跟被告的纠纷好几年了，其实我去上访是有苦衷的……"然后就坐下来说了。

原来，在乙诉甲恢复原状纠纷案件中，乙撤诉后，就自行将讼争的道路用泥土、石头堵住，造成了附近村民通行不便。原告带着村民去政府信访了几次，都没有得到很好的解决。现在眼看着准备到了秋收的时节，村民们急切想要这段路能通行。

法警跟法官一起继续做好当事人的思想工作，"村民们道路通行的诉求，与你起诉本案被告损害你名誉权的诉求是两个不同的法律关系，也就是两件不同的事情。你的名誉权纠纷案件刚才已经开过庭，合议后会依法判决。但是，村民们道路通行的诉求，因为涉及的事情太复杂，目前也不能作出答复，你们最好通过书面材料反映，法院会依法处理"。原告听后也表示理解。

法警将走到审判区的大娘大婶们劝回到旁听区，但她们情绪还很激动，法警们耐心细致地做好思想工作，维持好秩序。当原告平静下来之后，旁听席上的大娘大婶们也逐渐安静下来。此时，整个场面已得到有效的控制。一场庭审中出现的一般情况被及时地处置了，法庭恢复了平静。

此次一般情况的处置中，法警本可以把那群大娘大婶赶出法庭，但考虑当时的实际情况，那群大娘大婶因为情绪太激动了，个个指着手大声吵，人数比较多，而且年纪又比较大，不适宜直接用武力驱逐出法庭，能劝说就劝说，能做思想工作就做好思想工作，体现了确保安全、区别对待、灵活处置和慎用警力的处置原则。

【思考问题】

结合本案的情况，思考值庭中一般情况的处置原则是什么？

案例二

某日上午，某法院开庭审理出售运输购买持有假币案。当日上午的庭审中，当审判长依法宣读判决后，一名女性被告人突然情绪激动，起身头朝书记员座位台的桌角猛冲过去，企图自伤。千钧一发之际，值庭法警迅速反应，用自己的身体挡在桌角前，用手按住该女性被告人的双肩并将其押回被告人席看管。同时，现场人员马上汇报院领导并启动处置预案。因该女性被告人仍不听劝阻、不断反抗，审判长果断要求2名男法警及2名女法警强行将该女性被告人押离法庭。在安全回到羁押室后，法官和法警齐心协力、轮流上阵，从情、理、法多角度给该女性被告人做思想工作以缓和其过激情绪。经过近1个小时的努力，该女性被告人的心情逐渐平静下来后，该院顺利将案件的5名被告人安全地押回看守所。

在处置此次事件过程中，法院各部门反应迅速、协调配合、处置得当，有效避免了被告人自伤事件的发生，彰显了该院干警良好的精神面貌和过硬的业务素质。

【思考问题】

结合本案的情况，思考如何对被告人自伤、自杀情况进行正确快速的处置？

【思考练习】

1. 什么是值庭中的一般情况？值庭中的一般情况的特点是什么？
2. 简述值庭中一般情况的类型。
3. 简述值庭中一般情况的处置原则。
4. 审判区发生一般情况时，如何进行处置？
5. 旁听区发生一般情况时，如何进行处置？

第六章 安全检查的特征和要求

目标任务

了解并掌握什么是人民法院、人民检察院的安全检查工作，及其有哪些特征；熟悉人民法院、人民检察院司法警察进行安全检查工作必须掌握的原则和流程，知晓证件检查、物品检查、人身检查以及场所检查的基本要求，并可以熟练实施；形成良好的安全至上、严格执法、文明执勤的意识。

知识技能

安全检查内涵与特征的理解；安全检查工作的原则和要求的领悟和运用。

第一节 安全检查的内涵和特征

一、安全检查的内涵

人民法院是国家的审判机关，法庭是审判各类案件的场所，法庭内所有参与诉讼人员和旁听人员的生命健康以及财产安全都应当受到保障。近年来，拒绝接受安全检查、强行闯入法院，以及违规携带录音、录像、摄影器材和爆炸物、刀具及各类违禁品、危险品进入法院的情况屡有发生，严重扰乱了正常的司法工作秩序，威胁到了司法机关安全，影响到了司法的公正性和权威性。为保证审判活动的正常进行，最高人民法院于 2012 年颁布了《人民法院司法警察条例》，2019 年修订颁布了《人民法院司法警察安全检查规则》，这是当前人民法院司法警察实施安全检查的重要依据。《人民法院司法警察安全检查规则》第 2 条对安全检查的概念作出了明确的界定：安全检查是人民法院司法警察根据审判工作需要，依法防止限制物品、管制物品、易燃易爆物品、强腐蚀性物品等危险物品进入审判场所，保证参加庭审活动人员的人身安全和审判工作的顺利进行的职务行为。对于安全检查的概念，应从以下几个方面来理解：

（一）执行安全检查任务的主体

安全检查是人民法院司法警察的一项重要职责。《人民法院司法警察条例》第7条规定："人民法院司法警察的职责：……②对进入审判区域的人员进行安全检查……"《人民法院司法警察安全检查规则》第2条规定："安全检查工作是人民法院司法警察依法防止未经允许的管制器具、危险物质、限制物品等进入诉讼场所，保障参加诉讼活动人员人身安全和诉讼工作顺利进行的职务行为。"第7条规定："安全检查工作由司法警察部门负责组织，相关部门协助。安全检查工作可以在司法警察的带领下，由司法警务辅助人员或者其他专职安全检查人员等具体实施。司法警察负责组织安全检查场所秩序维护、暂扣物品处理、突发事件处置等。"以上规定明确地赋予了人民法院司法警察进行安全检查的主体资格，所以人民法院执行安全检查任务的主体是司法警察。

（二）安全检查的目的

司法警察安全检查工作就是对所有进入审判场所的人员及其携带的行李物品实施安全检查，确保可能危及法庭安全和参加庭审活动人员人身安全的限制物品、管制物品、易燃易爆物品和强腐蚀性物品等危险品、违禁品得到严格控制，并及时处理。其目的是保障参加庭审活动人员的人身安全和审判工作的顺利进行。

（三）安全检查的对象

为了保障人民法院的审判工作顺利进行，防止限制物品、管制物品、易燃易爆物品、强腐蚀性物品等危险物品进入审判场所，司法警察有必要依法对进入人民法院和审判场所的人员、物品、证件进行安全检查。所有进入审判场所的人员及其携带的证件及行李物品均需要无条件接受司法警察的安全检查。〔1〕就携带物品的形态而言，分为固体、液体、气体三种。大多数危害法庭安全的事件是由进入审判场所人员利用其所携带的固体、液体物品造成

---

〔1〕 最高人民法院于2019年1月24日发布了《人民法院司法警察安全检查规则》。该规则第11条规定："进入诉讼场所的人员应当出示有效身份证件，并接受人身及携带物品的安全检查。履行职务并持有效工作证件的检察人员、律师可以通过专门通道进入诉讼场所；需要安全检查的，人民法院对检察人员和律师平等对待。"

的，相对而言利用气体物质危害法庭安全的现象是比较少见的。所以对进入审判场所人员携带的固体、液体物品的安检是非常重要的。

进入审判场所的人员包括：①公诉人、律师等依法出庭履行职务的人员；②参加庭审活动的诉讼参与人、第三人；③参加旁听的人员；④来法院咨询、上访的群众；⑤媒体工作者；⑥进入法院的其他相关人员；⑦为法院提供服务的人员。

（四）安全检查的岗位

《人民法院司法警察安全检查规则》第9条规定："安全检查工作一般应当设置引导、证件查验、安检仪器操作、人工检查等基本工作岗位。"

引导员负责秩序维护、告知等职责；证件查验员负责核对、登记证件等职责；安检仪器操作员负责物品安全检查等职责；人工检查员负责受检人员人身检查等职责。安全检查任务较重的人民法院或者因工作需要，可以适当增加工作岗位和人员。

二、安全检查的特征

（一）技术性强

安全检查是一项专业性、技术性很强的安全防范工作，对被检人员的身份查验及人身检查，对限制物品、管制物品、易燃易爆物品和强腐蚀性物品等危险物品的检查、识别和处理，以及各种安全检查设备的操作使用、故障排除、保养维护，都需要一定的业务知识和专业的安全检查操作技能。

（二）限制性强

根据人民法院工作特点，因进入审判场所人员的身份、目的各不相同，情绪复杂多样，为确保司法机关的安全，《人民法院司法警察安全检查规则》第12条规定，无证件，伪造、冒用他人证件的人；未获得人民法院批准的未成年人；醉酒的人、精神病人或者其他精神状态异常的人；拒绝接受安全检查或者不听从安全检查人员安排的人；衣着不整、着装不文明的人；其他可能危害法院安全或者妨害诉讼秩序的人不得进入诉讼场所。第13条规定，枪支、弹药、刀具以及其他具有杀伤力的器具；易燃易爆物、疑似爆炸物；放射性、毒害性、腐蚀性、强气味性物质以及传染病病原体；非急救类药品、液体及胶状、粉末状物品；标语、条幅、传单；其他可能危害诉讼场所安全或者妨害诉讼秩序的物品，除经人民法院许可，不得携带进入诉讼场所。

（三）规范性强

司法警察担负的安全检查警务具有强制性，安全检查涉及被检对象的人身权利，为确保安全检查工作的顺利进行，《人民法院司法警察安全检查规则》就安全检查的对象、程序、方法及其动作要求作出了明确规定。司法警察在安全检查时必须严格遵守规定的程序、动作和用语，对于各类管制器具、危险物质、限制物品及突发事件的处理必须严格按照《人民法院司法警察安全检查规则》的规定合理进行规范处置。

（四）风险性大

人民法院的司法警察的安全检查工作是同隐蔽的、以各种身份进入法院的违法犯罪分子进行的一种特殊斗争。由于被检查人员的身份和携带物品具有不明确性，所以司法警察对某些潜在嫌疑人的安全检查不具有明确的指向性。对于到法院图谋不轨的嫌疑人来说，携带危险物质、限制物品混进法院大门，是其实施违法犯罪行为的第一步，因而在藏匿物品时，会绞尽脑汁地花样翻新，企图蒙混过关，一旦在安检中被查出，往往会表现出强烈的对抗心理，可能会在安检过程中采取反抗行动，甚至当场攻击安检人员，如拳打脚踢、掏取凶器行凶、抢夺司法警察的武器，捡拾地上物体攻击或者转身逃跑等，因其具有突发性质，不易事先察觉，对司法警察构成极大的威胁。

第二节　安全检查的原则和要求

一、安全检查的原则

安全检查的原则是人民法院司法警察在安全检查实施过程中必须遵循的行为准则。《人民法院司法警察安全检查规则》第3条明确规定了司法警察执行安全检查工作的基本原则。为保证参加庭审活动人员的人身安全和审判工作的顺利进行，司法警察进行安全检查工作应坚持以下几项原则：

（一）安全至上原则

安全至上原则要求司法警察在进行安全检查工作过程中，时刻树立安全意识，思想上不松懈，行为上不懈怠，牢记安全第一，严格遵守每一条安全规定，尽量避免人员伤亡和财产损失。具体要求如下：

1. 处理好安全检查与服务审判工作的关系，做到安全检查工作"全覆盖"。法院各部门必须牢固树立安全至上的理念，真正从思想上重视起来、从制度上完善起来、从体制机制上灵敏起来、从落实上持续行动起来，相互配合开展好法院安全检查工作。

2. 处理好安全检查工作与上级监管的关系，做到事故隐患"零容忍"。司法警察部门作为安全检查工作的责任主体，要认真制定安全检查工作方案，同时，进一步加强内部规章制度、设备投入、教育培训、应急处置等各环节工作，从源头上减少安全检查突发事件的发生。上级司法警察部门要定期和不定期进行安检工作督导检查，对玩忽职守、疏于管理、部署不到位、责任不落实的，要依法依规严肃追责问责，严格做到"零容忍"。

3. 处理好安全检查工作与问责机制的关系，做到安全检查工作"严追责"。如在安全检查工作中因司法警察部门监管不力、执法不严而发生重大事故的，应按照"谁主管谁负责"的原则，依法追究直接责任人和有关领导的责任；对失职、渎职等现象，应依法予以严惩。

（二）严格执法原则

严格执法原则，就是要求司法警察对进入审判场所的所有人员和所携带的物品应当逐一严格、认真地依据法定职责和程序进行检查。检查不能搞形式、走过场，也不能降低标准和要求。要严密控制限制物品、管制物品、易燃易爆物品、强腐蚀性物品等危险物品进入审判场所，它是"执法必严"法制原则的体现。其具体要求有：一是要求执行安全检查勤务的司法警察在安检过程中，必须做到依法检查和按照规定的程序进行检查；二是执行安全检查勤务的司法警察，要自觉遵守党和国家的各项法律法规和政策规定，严格遵守安检纪律，自觉过好权力关、金钱关、人情关，做遵纪守法的模范；三是在实施安全检查工作中，在执行每次任务时，每一道工序、每一个环节，安检人员都要做到一丝不苟，全神贯注，严格把控证件检查、人身检查、物品检查关，做到万无一失，不放过与违法犯罪有关的蛛丝马迹。坚持严格执法原则是做好审判场所安全检查工作的前提。

（三）文明执勤原则

文明执勤原则体现出来的不仅仅是工作方法问题，更是思想态度问题。

文明检查是司法警察队伍素质的重要体现。司法警察在安全检查过程中严格遵守司法礼仪,保持良好的警容仪表和规范文明的言行举止,尊重每一位被检人的人格尊严,以主动、热情、诚恳的态度取得受检人的积极配合,坚决避免用简单粗暴的方法解决矛盾,以实际行动赢得群众的理解和支持。对于不理解安全检查工作或情绪急躁的受检人应进行耐心的解释说明。女性被检人员由女性司法警察进行检查。在司法实践中,要真正做到坚持文明执勤原则,必须从以下三个方面着手:一是文明执勤。司法警察在执行安全检查勤务时,要以满腔热情对待工作,以主动热情、诚恳周到、宽容耐心的服务态度对待进出审判场所的人员,杜绝冷漠、麻木、高傲、粗暴、野蛮的恶劣态度。二是要规范化服务。最高人民法院于2002年下发了《最高人民法院关于人民法院司法警察执行公务时使用告知词的通知》,该通知规定,为规范人民法院司法警察依法执行公务,提高文明执法的能力,在执行公务时,应履行告知程序。司法警察履行告知程序时,应举止端庄、严肃、谨慎,先敬礼,根据执行公务的不同内容,履行告知义务。除此之外,司法警察在执勤时应做到仪容整洁,举止端庄,说话和气,使用文明执勤用语,不说服务忌语。在安检过程中,安检动作应文明、轻柔、职业化;安检氛围要平稳、有序、受控制。三是摆正严格检查与文明服务的辩证关系,两者是相互统一、紧密联系的整体。

(四) 规范操作原则

为了保障安检工作的顺利开展,防止发生疏漏,人民法院制定了一整套严密的安检规则。规则包括安检流程、违禁及危险物品登记、紧急事件处置办法等。负责安全检查工作的司法警察必须严格按照安检规则的规定进行安检工作,对限制物品和管制、易燃易爆、强腐蚀性物品分别进行暂存和没收。同时要熟悉安检仪、安检门机械性能,掌握操作要领,确保安检人员技术到位。应事先制定切实可行的紧急事件处置预案,避免发生紧急事件时处理不当。在安全检查工作中注意观察进入人员的动态,了解当事人的心态,对于发现有危险苗头的情况,要及时通知有关部门采取预防措施。在发生紧急事件时,要及时、果断地处置,紧急情况下先处置后汇报,杜绝违禁物品被带入法院,确保庭审人员的人身安全和审判工作顺利开展。在工作中最好实行领导带班制度,保证处理突发事件领导在位,处置有方。

【拓展学习】

典型案例评析

二、安全检查的要求

人民法院安全检查的目的是保证参加庭审活动人员的人身安全和审判工作的顺利进行。安检工作直接为审判工作服务，是人民法院依法独立行使审判权的具体体现，司法警察依法执行安全检查勤务，其他任何部门都不得干涉。在执行具体安全检查勤务时，司法警察除应坚持安全检查基本原则外，还应满足以下工作要求：

（一）按规定着装，警容严整

安检司法警察应按规定着装，保持高度警惕、警容严整，一般情况下一个安检岗位不少于2名司法警察，安全检查工作量大时应适当增加安检人员数量。

（二）坚守岗位，文明执法

安检司法警察应坚守岗位、文明执法，对法院来访人员及参与诉讼人员不得有意刁难，要体现出主动热情、诚恳周到、宽容耐心的工作态度和良好的精神风貌。

（三）提高警惕，加强防范

安全检查必须在检查对象和可疑物品已经被实际控制的情况下进行，如果不对检查对象和可疑物品进行有效的控制，检查对象就有机会反抗、行凶，此时贸然检查是相当危险的。因此，要特别强调安全意识，要始终保持高度的警惕性，加强安全防范，控制好检查对象和可疑物品。多名司法警察检查时，指定1~2名司法警察负责警戒工作，严密监控被检人员的行为举动。安检司法警察翻检物品时，要注意观察物品变化，不硬拉、硬开，防止危险物品发生意外。检查时，一旦被检对象有反抗的举动，应立即采取强制措施。

（四）适时提示，避免误报

在法院安检通道前方应设置安全检查流程示意图，方便群众了解法院的安全检查工作。司法警察在安全检查前，应适时提示被检查者掏出随身携带的金属物品，以加快检测速度，避免安检设备发生误报警。在进行人身安全检查时，应让被检测者按顺序依次通过安检门，不要同时进入检测区，以免发生误报。

（五）检查认真，细致彻底

安全检查必须认真、细致、彻底。不认真、不细致、不彻底，检查对象就有可能将武器、匕首、爆炸物等凶器或危险品带入审判场所，威胁到法庭内所有人员的生命、财产安全。

对于人身、物品检查一定要细致入微，不要怕麻烦，对于可疑人员，除通过安全检查门进行人身检查外，在必要的情况下，还应进行徒手人身检查。对于 X 光探测检查设备提示的危险箱包物品，能开则开，能拆则拆，各种夹层、内芯都要仔细观察。凡是被检人员携带的物品，不论大小一律查清，不要有遗漏。

（六）文明检查，尊重习俗

对人身及随行物品的安全检查，严禁采取有辱人格、有伤风化的方式进行，注意尊重人们的宗教信仰和当地风俗习惯。对妇女进行人身检查要坚持"男不查女"的原则。随身携带物品进行安全检查时，对包（袋）等被检查物应轻拿轻放，防止损坏或弄脏。涉及个人隐私物品应注意妥善放置，特别对女性箱包，尽量不要将所有的物品统统取出、亮开。在检查过程中，如遇被检者是外国人或少数民族群众，应尊重其风俗习惯及民族传统。

（七）做好记录，明确权责

安全检查记录是安全评价的依据，也是明确安检司法警察责任的依据，安检记录要做到认真详细，真实可靠，特别是对安检中发现的隐患的检查记录要具体，如隐患的部位、危险程度及处理意见等。对负责安全检查工作的司法警察是否有违规操作的行为，也应予以记录，以便明确司法警察的权责。

【拓展学习】

《认识安全检查》ppt

 学习小结

　　人民法院安全检查的目的是保证参加庭审活动人员的人身安全和审判工作的顺利进行。安全检查工作直接为审判工作服务，是人民法院依法独立行使审判权的具体体现，司法警察依法执行安全检查勤务，其他任何部门不得干涉。对所有进入审判场所的人员及携带物品实施安全检查，就是要将一切可能危及审判场所和参加庭审活动人员人身安全的危险品、违禁品消除或控制。

　　人民法院司法警察的安全检查，是司法警察为保证参加庭审活动人员的人身安全和庭审工作顺利进行的一项经常性和预防性工作，对及时发现不安全因素、完善各项安全制度、预防各种危害审判活动情况的发生等，都有着极其重要的作用。

 实训练习

　　某年9月12日上午11时52分，某县人民法院大门口发生行凶案。当时正在安检值班的2名法警突然听到门外传来女子的呼救声，他们快步跑到门外，看到一男子手持7寸尖刀抵住一名女子的颈部。男子神情悲愤，情绪失控，不停大声嚷嚷道："结婚以后，她常常跑外面找男人，现在还敢到法院来起诉离婚！"

　　情况危急，一名值班法警立即向法警大队长汇报现场情况，并通知公安机关出警协助。法警大队经院领导同意后，立即启动了处突应急方案，调遣机动小组携带警械具到场增援，对现场进行警戒隔离，并全程使用执法记录仪录音录像固定证据。另一名法警则在第一时间冲上前，在保证自身和被挟持女子安全的情况下，用力抵住持刀男子的手臂，劝解道："不要冲动！你现在是在犯罪，你有想过你父母吗？如果她如你所说，你为了一个这样子的女子断送自己的一生，值得吗？"在该法警的不断劝说下，持刀男子明显有所松动。看到持刀男子的情绪略有平复，再与赶来增援的干警耐心细致地向其讲清利害关系，劝导其放下凶器，争取从轻处理。11时55分，事发不到3分钟，该男子被成功劝服，主动放下了尖刀。法警经安检确认该男子未携带其他凶器和危险物品后，便将其移交给随后到达事发现场的公安民警。至此，一起危及当事人人身安全的突发性事件得以圆满解决。

据悉，该持刀男子黄某与被挟持女子何某系夫妻关系，9月12日何某以黄某对其实施家暴为由到法院起诉离婚。黄某得知消息后，便携带尖刀到法院门口意欲行凶。何某在办理立案手续后离开法院时，在法院大门外遭到黄某持刀挟持。法院法警同志反应迅速，沉着冷静，英勇无畏，成功制止了一起暴力事件的发生，保障了当事人的人身安全。黄某已于当日被公安机关带离。

【思考问题】

（1）人民法院为什么要设置安全检查岗位？

（2）结合案例信息，如何准确理解安全检查应遵循的原则？

【思考练习】

1. 什么是法院安全检查？可以从哪几个方面来理解？
2. 人民法院安全检查的对象有哪些？
3. 人民法院安全检查工作有哪些特征？
4. 人民法院司法警察安全检查工作有哪些特定要求？

【拓展阅读书目】

1. 唐长国、赵勇主编：《值庭与安检实务》，中国政法大学出版社2017年版。

2. 最高人民法院政治部警务部编著：《人民法院司法警察警务实务》，人民法院出版社2015年版。

3. 王有民主编：《司法警察实务教程》，陕西人民出版社2014年版。

4. 周静茹、金琳主编：《司法警察实务》，暨南大学出版社2011年版。

第七章 安全检查的依据和职责

目标任务

通过本章学习,了解安全检查的重要依据,掌握安全检查人员的具体职责,养成良好的忠于法律、服从命令、听从指挥、严守纪律、秉公执法、恪尽职守的职业素质。

知识技能

安全检查的依据;安全检查人员的具体职责。

第一节 安全检查的依据

一、安全检查的现实依据

人民法院是国家的审判机关,受理刑事、民事、行政等各类案件,是社会各种矛盾纠纷的集散地,当事人往往是穷尽其他救济途径之后才会无奈地选择通过法院来表达诉求,寻求公平正义。此时的当事人累积了矛盾发生、处理过程中的情绪,很容易在诉讼阶段失控、爆发,实施过激行为。再加上一些法院的安全制度、操作规程不健全或管理不善等原因,近年来法院内部恶性事件屡有发生,而且大有上升趋势。

(一)针对法院干警的恶性事件频发,为加强安全检查敲响了警钟

2010年6月,湖南省永州市的朱某窜至永州市某基层人民法院内,持手枪、冲锋枪对正上班的法院工作人员进行射击,导致3名法院工作人员当场死亡、1人重伤、2人轻伤。朱某当场自杀。2015年9月9日上午10时左右,湖北省某中级人民法院内,胡某在拿到判决书后,用一柄随身携带的水果刀,捅向了案件的女审判员刘某,此后又捅向另两名法官。2016年2月26日21时30分许,生前为北京市某基层人民法院法官的马某被她所审理案件的当事人持自制手枪杀害。

法官在法院内部受到人身伤害的事件时有发生,这些现象严重危害了法官的人身安全,损害了司法尊严,在全国造成了很恶劣的影响,同时也给人民法院的司法警察工作提出了更高的要求,恶性事件的频发引起了各级法院对开展安全检查工作的关注。要切实防止和减少在法院内部发生的各类伤害事件,必须加强对来访当事人或旁听人员的安全检查,司法警察开展安全检查工作显得尤为重要。

(二)安全检查工作的开展是避免恶性事件发生的必要手段

各级人民法院自开展实施安全检查工作以来,更加有效地保护了法官和当事人的人身安全,确保审判活动的顺利进行,也更好地避免和预防了各种意外事件的发生。

2005年5月,扬州市某基层法院刑事审判庭公开开庭审理一起故意伤害案,开庭前司法警察对所有旁听人员进行了严格的安检,并按照《人民法院司法警察安全检查规则》的要求对进入法庭的每一位旁听人员进行了身份登记,在公安机关的配合下,通过查验旁听人员安检时的证件登记,成功地抓获了混入现场旁听人员之中的其他案件的3名犯罪嫌疑人。[1]2006年6月25日上午9点多,在某中级人民法院门口,一名中年男子自称要进法院参加庭审,当司法警察要求其排队接受安全检查时,该男子神色慌张,两手不停地摸着随身携带的背包。法警见状,便悄悄向其靠近,当法警快要贴近他时,他突然转身欲逃,法警立即上前将他抓住,并从其包中搜出一把砍刀。经查,此人对原告将其告上法院一直怀恨在心,因此他便事先携带砍刀,假如最终判决其败诉,他便准备当场将法官及原告砍倒。

类似发生在法院的恶性案件不胜枚举。由此可见,人民法院比其他机关面临着更大的安全威胁,如果到法院打官司都不能保障人身安全,势必会严重破坏国家法治和司法权威,大大降低人民群众的安全感。因此,为保障人民法院依法行使职权有一个安全的环境,保证人民法院审判活动的正常进行,保护人民群众和诉讼参与人员的人身安全,维护法律尊严和司法权威,必须做好人民法院的安全检查工作,防止限制物品、管制物品、易燃易爆物品、

---

〔1〕 赵德良:"浅议人民法院司法警察实施安全检查工作的必要性",载 http://article.chinalawinfo.com/Space/SpaceArticleDetail.aspx?AID=74184&AuthorId=148109&Type=1,访问时间:2021年5月11日。

强腐蚀性物品等危险物品进入审判场所，保障参加庭审活动人员的人身安全和审判工作的顺利进行。

二、安全检查的法律依据

安全检查是人民法院司法警察根据审判工作需要，依法防止未经允许的管制器具、危险物质、限制物品等进入诉讼场所，保障参加诉讼活动人员人身安全和诉讼工作顺利进行的职务行为。随着我国改革开放进程，我国人民法院的公开审判制度也进行了改革，其中很重要的一项内容就是在审判过程中允许旁听，为了有效保证整个审判过程的正常进行，人民法院的司法警察不仅要维护整个审判法庭的秩序，还要保证审判员、双方当事人、诉讼当事人、诉讼参与人和旁听人员的安全，因此对于进入法院的人员进行严格的安全检查是非常有必要的。为保障人民法院审判活动的正常进行，保护司法人员的人身安全，维护法律尊严和司法权威，规范人民法院司法警察的安全检查工作，最高人民法院于2019年1月新修订颁发的《人民法院司法警察安全检查规则》，这是当前人民法院司法警察实施和开展安全检查工作重要的执法依据。

《人民法院司法警察安全检查规则》主要是最高人民法院根据《中华人民共和国人民警察法》（以下简称《人民警察法》）、《中华人民共和国治安管理处罚法》（以下简称《治安管理处罚法》）、《人民法院法庭规则》等法律、法规制定的。它规定了人民法院安全检查工作应当坚持安全至上、严格执法、文明执勤、规范操作的原则，安全检查工作应由各级人民法院的司法警察部门负责组织实施；要求各级法院安全检查场所应当配备具有拾音功能的监控系统、智能访客系统、金属探测门、X射线检测仪、手持金属探测器、酒精测试仪、储物柜等设施、装备，有条件的人民法院可以配备液体检测仪、爆炸物品检测仪、鞋底金属探测器等设备；同时规定安全检查设备由司法警察部门派专人保管；提出了司法警察执行安全检查的具体工作要求，并对不得进入审判场所的人员和物品进行了限制；提出了证件查验登记、人身及随身携带物品安全检查的工作要点；并对查出的限制物品、管制物品、危险物品，以及拒绝接受安全检查或不服从安全检查人员安排的受检者，提出了处置措施。

最高人民法院要求，各级法院要充分认识到当前复杂的社会环境和人民法院面临的严峻形势，把机关安全保卫工作摆到重要位置。应配备安全检查门、手持金属探测器、X 射线探测检查设备、物品柜等必要的安全检查设备。坚决落实"逢进必检"和分区防护授权通行的要求，及时发现和消除存在的安全隐患。

第二节　安全检查人员的职责

法院安全检查人员是指依法防止未经允许的管制器具、危险物质、限制物品等进入诉讼场所，保障参加诉讼活动人员人身安全和诉讼工作顺利进行的工作人员，一般由司法警察担任。

根据最高人民法院颁布的《人民法院司法警察安全检查规则》第 3 条规定，安全检查工作应当坚持安全至上、严格执法、文明执勤、规范操作的原则。第 7 条规定，安全检查工作由司法警察部门负责组织，相关部门协助。安全检查工作可以在司法警察的带领下，由司法警务辅助人员或者其他专职安全检查人员等具体实施。司法警察进行安全检查工作是法律赋予的职权。第 9 条规定，安全检查工作一般应当设置引导、证件查验、安检仪器操作、人工检查等基本工作岗位。引导员负责秩序维护、告知等职责；证件查验员负责核对、登记证件等职责；安检仪器操作员负责物品安全检查等职责；人工检查员负责受检人员人身检查等职责。

一、安全检查指挥人的职责

1. 负责制定安全检查方案并组织实施。
2. 负责调配安全检查勤务的警力。
3. 负责检查审判场所安全检查的设备及安全防范措施。
4. 负责安全检查中发生的重大问题的处置。

二、安全检查人员的职责

人民法院司法警察是人民法院安全检查工作的主要承担者和具体落实者，

具体承担以下职责:

1. 负责在安全检查专门通道前摆放安全检查告知事项牌。
2. 维持待检区秩序并通知待检者准备好证件。
3. 负责受检者的有效证件查验或登记,识别涂改、伪造、冒名顶替以及其他无效证件。
4. 引导受检者有秩序地通过安全检查。
5. 对受检者的人身进行仪器或手工安全检查。
6. 对受检者随身携带的物品进行检查,对有疑点的箱包进行开包检查。
7. 准确识别限制物品、管制物品、易燃易爆物品、强腐蚀性物品等危险物品,按照有关规定进行处置。
8. 对受检者有针对性地做好法律宣传和教育,告知审判场所的要求和规定,使其自觉接受安检。
9. 在安检时司法警察应时刻保持高度警惕,警容严整,严格执行《人民法院司法警察安全检查规则》。
10. 对拒绝接受安全检查或不服从安全检查人员安排的受检者,应阻止其进入法庭,不听劝告者,可依法采取强制措施。

【拓展学习】

海南一中院司法警察支队圆满完成 疫情防控期间涉黑案件庭审保障任务

 学习小结

安全检查工作是人民法院司法警察依法防止未经允许的管制器具、危险物质、限制物品等进入诉讼场所,保障参加诉讼活动人员人身安全和诉讼工作顺利进行的职务行为。法院安全检查人员是指依法防止未经允许的管制器具、危险物质、限制物品等进入诉讼场所,保障参加诉讼活动人员人身安全和诉讼工作顺利进行的工作人员,一般由司法警察担任。

为保障人民法院审判活动的正常进行，保护司法人员的人身安全，维护法律尊严和司法权威，规范人民法院司法警察的安全检查工作，最高人民法院于2019年1月修订颁布《人民法院司法警察安全检查规则》，这是当前人民法院司法警察实施和开展安全检查工作的重要执法依据。它规定了人民法院安全检查工作应当坚持安全至上、严格执法、文明执勤、规范操作的原则，安全检查工作应由各级人民法院的司法警察部门负责组织实施。安全检查工作一般应当设置引导、证件查验、安检仪器操作、人工检查等基本工作岗位。引导员负责秩序维护、告知等职责；证件查验员负责核对、登记证件等职责；安检仪器操作员负责物品安全检查等职责；人工检查员负责受检人员人身检查等职责。安全检查任务较重的人民法院或者因工作需要，可以适当增加工作岗位和人员。

实训练习

某年4月19日，广东省某法院开庭审理叶某诉吴某离婚案，闭庭后，叶某在开庭笔录上签字时，吴某突然向她丢出一个点燃的自制爆炸物，接着趁现场混乱，用事先准备好的水果刀向叶某胸部、腹部连刺数刀，随后又在她身旁引爆另一自制爆炸物，致叶某当场死亡、其姐轻伤。

【思考问题】

结合本案的情况，分析安检人员的职责。

【思考练习】

1. 简述安全检查的现实依据。
2. 安全检查的法律依据包括哪些？
3. 请列举安全检查人员的职责。

第八章 安全防护系统的使用

目标任务

通过本章学习，了解安全防范监控系统，入侵报警系统，身份识别智能管理系统，防冲击、防冲撞设施，防暴（爆）、防护器材，车底检查镜，以及危险液体检查仪等专用检查（探测）设备的性能和使用；养成良好的认真细致、爱岗敬业的职业精神。

知识技能

安全防范监控系统的识别与运用；身份识别智能管理系统的识别与运用；防冲击、防冲撞设施的识别与运用；防暴（爆）、防护器材的识别与运用。

第一节 入侵报警系统的使用

法院大楼是犯罪嫌疑人出入较为频繁的场所，为了确保办案人员人身安全、保障大楼内重要资料及财产安全、预防紧急事件的发生，部署入侵报警系统是非常有必要的。在大楼内外，根据不同点位的重要程度、风险等级和现场条件部署入侵探测器，在监控中心部署报警主机和管理平台，从而在第一时间收集报警信息，及时上报监控中心并进行相应联动，从而保障法院大楼内外的安全。

一、入侵报警系统组成及结构

入侵报警系统的应用以满足法院实际需求为出发点，以报警主机为核心，用红外对射探测器作为大楼外周界防范措施，形成第一道防线；用双鉴探测器、紧急按钮作为重要办公室的防范手段；用双鉴探测器、烟感探测器、紧急按钮等设备作为仓库防范的手段。报警主机通过法院内网接入大楼安保监控中心。系统拓扑结构如图 8-1 所示：

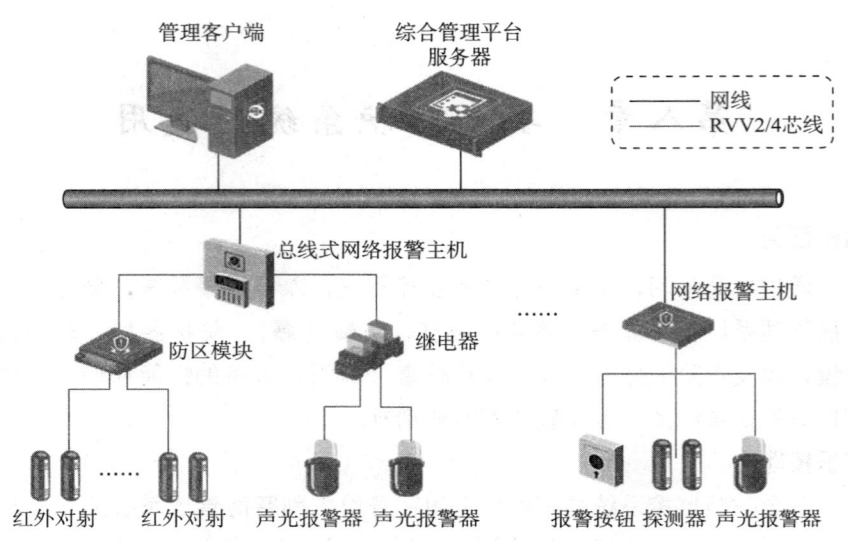

图 8-1 综合报警系统拓扑图

从结构上来讲，法院大楼安保综合报警系统可以由前端、传输网和接警中心三部分组成，其中前端包括各类探测传感器、报警主机；传输网络可以是公共电话交换网（PSTN）、无线信道（CDMA/GSM）、Internet 网络等；接警中心由客户端、服务器及报警管理服务模块等组成。

前端报警探测器的点位分布直接影响着整个法院大楼的安全，不同于视频监控设备，报警产品在安防系统中起着提前防范的作用，目的就是防止意外情况的发生，以便在第一时间使相关的人员获知意外情况并采取相应的措施，从而达到安全防范的作用。一般会在大楼外周界、出入口、楼层顶部、电梯、一二层门窗、阳台、室内通道、监控中心、地下停车库、室内区域、楼梯前室/楼梯等区域选择合适的探测器布控警戒区域。

【拓展学习】

报警探测器点位分布建议

二、入侵报警系统的使用

（一）防区管理

可通过系统对入侵报警系统的防区进行设置，从空间上区分方位区域，发生报警后可以迅速定位具体的物理位置，快速查看和排查警情。

（二）防区布防

防区布防操作，使防区处于报警防卫状态，有报警信息产生即发生报警，上送控制器或平台进行相关处理。

（三）防区撤防

使防区处于报警撤防状态。

（四）报警预案维护

发生报警时的报警处理预案，可以用文字描述处理步骤，可以自动联动上墙、联动手机短信、E-mail 等，使得报警的处理及时准确。

（五）报警信息实时监控

对防区进行视频监控，当防区发生报警时可联动监控现场图像。展示报警相关视频、录像、图片等信息，发生报警后，可以调取报警时的视频录像以及图片，可以预览报警防区的实时视频。

（六）报警相关处理

发生报警后的人工处理动作，系统记录处理方式、处理人、处理时间等相关信息。

（七）报警记录查询与统计

报警信息查询是对历史报警信息进行相关查询。对报警记录以各种方式进行汇总统计，生成相关报表。

（八）报警设置

用户可以自定义报警事件的报警级别，并可以按照报警级别来自定义该报警产生后所提示出的背景颜色。

紧急联系人管理，可以维护多个报警的紧急联系人，以便将警情及时地通知给相关人员。

报警预处理，有些报警需要经过一段时间的核实或者处理。为了标注该报警相关人员已经知晓并正在处理，但还没处理完成，需要预处理这个中间状态。

设备巡检，系统可以对各个报警主机进行巡检，查看设备运行情况，从而保障各个防区工作正常，减少不报以及误报的发生。

【思考练习】

1. 法院常用的入侵探测器有哪些？
2. 简述视频报警联动的实现。
3. 报警控制器的功能有哪些？
4. 法院入侵报警系统的主要使用点位有哪些？

第二节　视频安防监控系统的使用

视频监控系统是整个法院安全防范系统建设的基础。前端监控点设备的选择直接关系到整个系统的效果，直接影响后续用户的使用。监控点图像接入信息专网，集控中心进行 24 小时实时监控，由中心机房进行 24 小时实时监控和集中存储，全面掌控法院治安动态，并保证在突发事件发生时，能够直接调用现场实时图像信息以便于进行快速指挥和调度（如图 8-2）。

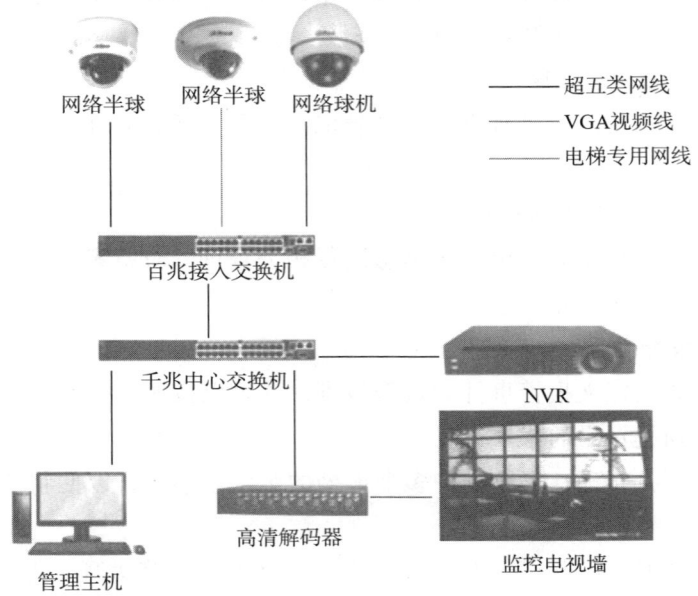

图 8-2　系统拓扑图

一、视频安防监控系统组成

（一）前端监控点设计

法院的视频监控系统前端监控摄像机点位主要设计在法院大楼外周界及主要通道、大楼外的出入口、进出楼栋的出入口、大楼大厅、各楼层电梯厅、电梯轿厢、楼梯口、走廊、重要机房、进出停车场主要通道等区域。不同的场景需要根据具体需求选择合适类型的摄像机。

在法院大楼比较特殊的场景，如大楼制高点可以选用防水、透雾、高清、有快速云台、红外、宽动态功能180°全景监视摄像机；法院大楼周界可以选用2400万全景拼接网络摄像机，用于掌握大范围区域的情况；在接访室选用双目行为分析摄像机，用于突发性等行为进行智能分析，保证接访工作顺利进行；在主要通道、大楼外的出入口可以选用人脸识别摄像机，用于对人员做到精细化管控；在楼栋的出入口选用客流统计摄像机，更好地为法院的内部管理提供数据支撑。

【拓展学习】

不同场景摄像机选型参考表

1. 法院大门出入口。在法院大门出入口部署两台高清枪型摄像机，一台用于人行走道的监控，一台用于车型走道的监控，同时针对车型走道部署出入口卡口系统，实时记录进出车辆的信息，并且系统可以与道闸关联，设置黑名单及白名单车辆，针对黑名单车辆及时告警，针对白名单车辆自动放行，针对没有登记的车辆可以手动登记及放行。

2. 法院大楼出入口。大楼出入口主要包含外侧和内侧监控两部分：

出入口外侧：部署多台高清枪机和球机，枪机固定覆盖出入口，直接记录出入人员的视频，同时针对大楼门口的广场，通过枪球联动的方式记录门口广场人员活动的情况，枪机用于全景覆盖，球机用于人员特写。

出入口内侧：要求配置两台枪式摄像机，一台全景球机，并支持语音对讲功能。用于记录人员出入情况及突发事件应急报警。一台枪机记录内侧出入大门的安检的全过程，另外一台枪机记录出入大门的人员及物品记录，全景球机用于记录进门后及安检后的全过程，在出现事件时可变倍变焦、拉远拉近看清事件发生现场及周边的状况。

3. 大楼对外窗户及进出法院的主干道。以高清监控为主，做到对外窗户的低层区域及主干道监控全覆盖。根据现场场景布局也可增加室外球机用于交叉路口的轮巡监控。

4. 业务受理区域。

（1）诉讼服务中心。诉讼服务中心属于对外业务受理区域，在每一个诉讼窗口配置一台枪式摄像机并配有对应的全向拾音器，用于记录诉讼窗口人员日常工作及保留诉讼过程中音视频信息，并可支持语音对讲。

（2）立案大厅。立案大厅属于对外业务受理区域，在每一个立案窗口配置一台枪式摄像机并配有对应的全向拾音器，用于记录立案窗口人员日常工作及保留立案过程中音视频信息，并可支持语音对讲，在立案大厅做到区域全覆盖，并通过部署高清球机记录大厅可疑事件的细节。

（3）信访接待场所等。信访接待室内布置一台半球型摄像机并配有对应的全向拾音器，用于记录信访过程的音、视频信息。

在信访接待室走道内部署高清监控摄像机，摄像机支持9∶16走廊模式，用于记录进出信访接到场所的人和物，并部署高清球型摄像机用于发生可疑事件时，通过变倍变焦、拉远拉近观察可疑事件的细节及周边情况。

信访接待室内监控：要求使用一台半球型摄像机，支持语音对讲功能，实现物品遗留/消失、绊线入侵、起身检测、斗殴检测智能分析功能。

信访接待室走道内监控：要求每20平方米使用2台枪式摄像机、1台全景球机，并配置单独的拾音器，要求实现物品遗留/消失、绊线入侵、起身检测、斗殴检测、主从跟踪功能，枪式摄像机要求可实现走廊模式。

（4）羁押室。在羁押室部署一台高清摄像机，聚焦羁押嫌疑人所在位置，并配有对应的拾音器，用于记录羁押室的音、视频信息，同时部署一台高清全景相机用于采集羁押室内画面。

在羁押室每个出入口大门处配置一台高清摄像机，并且在整个羁押室走廊内配置一台支持走廊模式的高清摄像机，用于记录羁押室进出人员信息及室外走廊通过的人和物。

（5）财务室、档案室、机要室。在财务室、档案室、机要室部署高清摄像机，保障室内无死角，同时在门口配有对应的门禁，可根据人物角色的不同分配不同权限，在室内无人时，可开启移动侦测告警、绊线入侵报警，检测到移动物体或者有物体触发绊线时，在集控中心和安保监控中心同时报警，并在大屏及客户端上弹出报警区域的视频信息。

（6）枪支、弹药存放场所。在枪支、弹药存放场所部署高清摄像机，保障室内无死角，同时在门口配有对应的门禁，可根据人物角色的不同分配不同权限，在室内无人时，可开启移动侦测告警、绊线入侵报警，并在室内设置红外对射告警系统，检测到移动物体或者有物体触发绊线或者红外线时，在集控中心和安保监控中心同时报警，并联动声光报警器，在第一时间提醒全楼的安保人员有紧急情况，并在大屏及客户端上弹出报警区域的视频信息。

（7）法庭（不包含数字法庭庭审摄像机）。在法庭部署法庭安保监控摄像机，用于监控法庭内部安保状态，并在审判长席位部署报警按钮，在开庭时出现紧急情况时，可按下报警按钮通知集控中心和法警室，在集控中心和法警室第一时间弹出法庭现场的安保监控图像，并可联动声光报警器，便于出现紧急情况时能迅速响应。

（8）设备机房。在设备机房部署高清监控摄像机，保证机房区域监控无覆盖，特别是重要设备放置区域，在机房无人时，可开启移动侦测告警，检测到移动物体时，在集控中心和安保监控中心同时报警，并弹出机房对应的视频图像，迅速让安保人员掌握机房的情况，并在机房部署温感、烟感摄像机，在机房出现烟雾或者温度过高时能及时告警，并弹出对应的视频图像到集控中心。

5. 重要出入口。

（1）车辆出入口。停车场及出入口部署停车场管理系统、出入口部署车辆抓拍系统，用于记录进出车辆的信息。

（2）人员出入口。在办公区、审判区与公共区域、外界相通的出入口部署高清监控项目、门禁、报警、对讲系统，根据不同人员角色分配不同的门禁权限，在出现有人非法入侵时，能及时报警并联动对应摄像机在集控中心和安保监控室显示,在其他电梯厅及楼层出入口部署高清监控系统。

(3)集控中心。集控中心是所有监控音视频信号、紧急报警信号的汇聚点,部署拼接屏实时轮巡所有视频监控图像,遇紧急报警联动切换显示报警处视频图像。集控中心安排人员24小时值班,及时处置突发事件,在集控中心部署高清摄像机用于记录集控中心实时情况,在出现紧急情况时,可以通过对讲系统通知各安保监控中心、法警值班室等安保单位。

在门卫、法警值班室等处建立相关的监控分中心,在门卫及法警值班室部署监视器同步轮巡所有视频监控图像,接收紧急报警信号。

(二)存储系统

法院作为司法系统中的重要组成部分,安保等级高,法院大楼安防系统音视频数据至少需要保存30天,为方便用户日常管理和后期维护,宜选择采用集中存储系统对音视频信息进行保存。存储产品类型丰富多样,可以适用不同的存储场合,根据项目的规模和预算,选择合适的存储组合(如图8-3)。

可以在总控中心和分控中心部署NVR(网络硬盘录像机,可接入IPC等网络摄像机)、DVR(数字硬盘录像机,可接入模拟摄像机)、HCVR(可接入HDCVI摄像机)以及混合式DVR(可同时接入网络摄像机和模拟摄像机)存储编码视频。

总控中心还可以采用ESS磁盘阵列实现IPSAN集中存储,更具安全性和高性能。

CVR网络存储设备

网络硬盘录像机NVR

SAN/NAS网络存储设备

图8-3

(三)集控中心

集控中心建立一套社会治安视频监控系统数字视频监控管理平台,能够对整个系统进行监控、管理、存储、登录认证、图像分发等,实现了大规模的视频监控,保证系统稳定和可靠。

监控中心建设包括装修、机房建设、软硬件设备安装等。

建立符合数字视频共享平台技术要求的一级数字视频共享平台，其软件功能包括：监控设备管理，电子地图管理，抓拍管理，轮巡管理，巡航管理，设备控制，多画面显示，报警联动，音频配置语音对讲、录像、存储策略，录像资料查询、回放，权限分配机制，B/S 网络浏览功能。

电视墙由采用 M×N 超窄边液晶拼接大屏。

监控中心设 X 席位监控平台，解码服务器、存储服务器若干台。

增添存储系统，对 7×24 小时实时图像监控进行录像存储。保存天数 30 天。

配置一台 20KVA UPS 电源：8 小时后备时间，纯在线式，使中心数字平台服务器设备能稳定可靠运行（显示系统如图 8-4）。

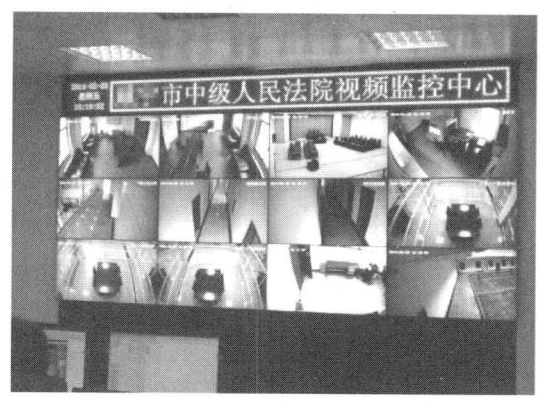

图 8-4　显示系统结构示意图

二、视频安防监控系统的使用

（一）实时图像浏览

客户端能实时监视多路实时图像信息，并实现一机同屏同时监视，监视画面实现 1、4、6、8、9、10、12、13、16 等画面分割，同时可进行分屏循环切换等功能，多个网络客户端能够同时监控任一前端图像。

（二）轮巡

系统具备视频自动巡视功能，可以设定间隔时间对全网的监控点进行图像巡检，任意设定参与轮巡的对象，设置轮巡间隔时间。除系统定义外，支持操作人员自己定义，编辑所需的巡视组。

（三）摄像机信息设置

设置系统内所有摄像机的标题、IP、名称、所在区域、场所等信息。

（四）云台和镜头控制

控制云台左右上下、自动扫描、预置位管理、光圈焦距管理、镜头缩放；云台速度可调；支持灯光、雨刷、电源开关控制；支持自定义辅助开关控制；支持摄像机锁定与解锁；方便进行云台/快球控制器的参数设定。

（五）画面抓拍

支持将任意实时图像存放成 JPEG、BMP、MPEG-4、H.264 或 M-JEPG 格式的图像。

（六）录像查询、播放及复制

能按照不同的检索条件，检索出所需要的录像清单，并能正确播放，并将存储的录像视频拷贝到指定的移动设备中保存。

（七）用户集中认证

平台的中心管理模块的认证管理和权限管理功能，用户的权限由系统统一分配，开展用户组功能，将位权限相近的用户划分到用户组进行权限分配，多用户区域管理、集中配置管理。

系统操作优先级设置，用户的操作指令按照优先级顺序进行处理。通过控制用户的优先级别，实现对低权限用户的限制。

（八）系统日志查询统计

强大的系统日志可以记录系统的操作、报警等信息，如可记录什么人在什么地方在哪个时间段里登陆了系统，系统在什么时候发生了什么样的报警事件等。通过对系统日志导出、打印等操作，方便信息查询和备份。

【拓展学习】

海康威视等

【思考练习】
1. 法院常用的前端监控点有哪些？
2. 简述视频监控系统的功能。
3. 存储的功能有哪些？
4. 视频监控系统的主要使用要点是什么？
5. 智能视频监控能体现在哪些方面？

第三节　身份识别智能管理系统的使用

一、智慧一脸通系统介绍

智慧一脸通系统将人脸特征作为身份识别的依据，并以此为基础借助视频技术、大数据、深度学习技术等，实现法院日常管理的信息化和身份识别统一化。一脸通系统包含门禁、人员通道、访客、考勤等多场景不同类型出入口人脸身份验证。

进出法院的人员根据人员来源可划分为两大类：内部人员和外部访客。针对不同的人员法院有不同的管理流程。

内部人员：管理人员通过中心管理平台提前对内部人员的人脸信息进行录入，并下发至人员通道和人脸门禁考勤一体机中，人员在法院任何位置只需要刷脸就可以完成权限比对，不再依赖卡片，有效提升了法院的安全等级，避免了因卡片遗失等情况给管理带来的不稳定因素。

外部访客：外部访客进入法院时需要在门卫室进行登记，法警使用人证比对访客一体机对访客进行身份验证和信息录入，访客登记完成后，系统自动将其照片发放到授权的门禁和通道点位，访客可到对应点位刷脸通行。当访客超出来访时间或者到达无权限位置时，刷脸不能通过对应点位，且平台会记录当前的人脸比对信息，提示法警前往处置。根据法院对不同人员的处置流程，具体应用应具备访客认证功能、访客登记功能、人脸比对功能、刷脸通过等功能。因此，该设计采用人证访客一体机、人脸通道和人脸门禁一体机实现对人员的管控。

（一）拓扑结构

智慧一脸通系统的架构由前端设备和中心服务器组成，系统架构图如图 8-5：

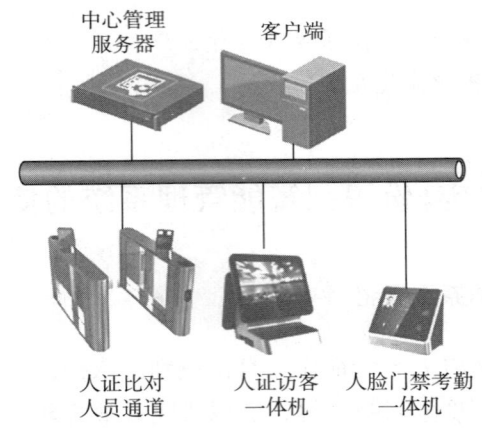

图 8-5 智慧一脸通系统拓扑图

1. 登记注册端。前端针对外部访客登记的需求放置人证访客机，用于信息登记和权限下发等。人证访客机一般放置在门卫保安室或者大厅入口处，通过刷身份证信息获取身份证内人员的详细信息，利用自带的摄像机抓拍现场人脸，并将抓拍人脸与身份证人脸进行人证比对，核实通过后才能进行登记和授权。授权的认证方式灵活多样，可支持人脸、二维码、IC 卡、身份证多种认证方式及组合认证方式。

2. 人证比对端。智慧一脸通系统的权限认证场景由人脸闸机和人脸门禁一体机组成，其中人脸闸机包括人员通道和人脸通道组件。

人脸闸机的通道组件将人证访客机下发的人脸库及监控中心下发的人脸库进行人脸进行照片比对。比对后输出语音提示及界面文字显示，并将人员身份信息及现场抓拍图片上传至后台进行完整记录。若现场为人脸闸机将输出开闸信号完成开闸，人员通行完成进/出流程。

人脸闸机由两部分组成：人员通道闸机和人脸通道组件。人脸闸机用于规范受控区域的进出，所有进出人员均需经过人证合一的实名制身份核验后方可通行，可以有效防止未经授权人员随意进入受控区域，并提升内部安全

系数。人脸闸机可支持多种身份认证方式,包括人脸、IC卡、身份证及其组合认证方式。

人脸门禁一体机人证访客机下发的人脸库及监控中心下发的人脸库进行人脸照片比对。比对后输出语音提示及界面文字显示,并将人员身份信息及现场抓拍图片上传至后台进行完整记录。若现场为人脸闸机将输出开闸信号完成开闸,人员通行完成进/出流程。

设备部署参考如下表:

序号	设备名称	安装位置
1	人证访客机	门卫值班室/大厅入口安检通道旁
2	人员通道	大门口人行通道,值班室内门口
3	人脸门禁一体机	所有有实体墙的门口

(二)系统功能

智慧一脸通系统具有以下功能:

1. 身份核验。系统支持对外来人员进行身份核验,当身份证与人员信息不相符时可提示法警进行人工查验并做进一步处置。

2. 信息登记和回溯。系统支持对访客详细信息进行记录,可替代原有人工登记模式,后续可通过身份证号、人脸照片等对访客信息进行事后回溯。

3. 刷脸通行。已授权人员可在人脸通道和人脸门禁用刷脸进行通行,系统会对通过时间和人脸抓图进行记录。

4. 人脸考勤。当人脸门禁点位或者人脸通道点位作为考勤点时,内部人员可以通过刷脸进行自动考勤,支持与OA系统进行对接。

5. 人脸巡更。系统支持将多个门禁点位作为巡更点,并设置为巡更路线,法警可通过刷脸进行巡更。

6. 人流统计。系统可通过人脸门禁点位刷脸信息和人员通道通过信息统计出当前区域内的人员数目,方便法警对区域内的人员进行管控。

二、身份证识别系统介绍

目前一些法院也可采用身份证阅读方式来进行身份识别与登记,主要应用的就是二代身份证阅读器,这是一种能判断身份证是否伪造的设备,像验钞机一样,能对身份证真伪进行有效识别。二代证内含有 RFID 芯片,通过二代身份证读卡器,将身份证芯片内所存储信息,包括姓名、地址、照片等信息一一显示,以判断二代居民身份证真伪(如图 8-6)。主要分为以下几种:

图 8-6　身份证阅读器

(一) 平板电脑身份证识别器

身份证阅读器平板电脑是较为先进的身份证阅读器,它是将传统的身份证阅读器和较为流行的手持安卓系统的平板电脑相结合,开发出的一款全触屏,电脑制式的身份证阅读器。它具有高分辨率、广泛应用、高清摄像、双网 3G 等功能。身份证阅读器平板电脑同时在各行业,例如金融银行、社保、教育考试等都有应用。

(二) 手持式二代身份证读卡器

手持式二代身份证读卡器是全国领先的二代证智能手持设备,该产品拥有二代证识别器、掌上电脑、高清数码相机、GPS 定位导航、3G 无线网络高速传输等强大功能。该产品采用国际上安全性和电量密度最高的聚合物电池,最多可连续识别身份证 800 张以上,最长可持续使用 2~3 天。

(三) 二合一型身份证识别器

二合一型身份证识别器是一款由二代证识别系统部分与扫描部分组成的身份验证机具,可一机验证、读取一二代身份证信息,集成了头像文字识别技术和二代证读卡器技术,既可以验证(阅读)二代证信息,又能扫描一代证视读信息。

(四) 蓝牙/3G 式身份证识别器

可以通过蓝牙或 3G 上网功能传输信息。

第八章　安全防护系统的使用

【思考练习】
1. 常用的身份识别方式有哪些？
2. 简述身份智能识别系统的功能。
3. 身份智能识别系统的主要使用要点是什么？

第四节　防冲击、防冲撞设施的使用

人民法院的出入口设置的防冲击、防冲撞设施，主要是通过对过往车辆的限制，有效地保障人民法院主要设施和相关场所的安全。一般从应用上可以分为阻车器、路障机和破胎器等种类，针对法院的工作实际主要应用的防冲撞设施主要是防撞柱和防撞墩等。

一、阻车器的功能

阻车器是减速和扎胎的有效装置，能够有效控制车辆，避免车辆的高速闯岗，从而保证了工作人员的安全和财产的安全。阻车器根据外形结构的不同，可分为横跨路面式阻车器和柱体形状阻车器两大类，其中柱体形状阻车器又可分为全自动液压升降阻车器、半自动升降阻车器和手动升降阻车器三种。两大类型阻车器相比，柱形阻车器相对来说灵活性更强。安装升降柱，可通过电动、遥控或刷卡等方式控制升降，有效阻止外单位车辆进入和不法车辆闯入。

图8-7　阻车器

二、防撞柱的功能

防撞柱,就是为了安全起见在通道处设的不锈钢柱子,防止恶性冲撞袭击的一种高安全设备,主要应用于监狱、企事业门口、军事基地、银行、大使馆、机场、政府通道、学校等地。防撞柱可以分为全自动式、半自动式、手动式以及可移动式等多种规格。

(一)结构与特点

1. 全自动防撞柱。全自动防撞柱采用的是一体独立式微型液压系统,无需布设油管、安装简单;内部装有液压组件,控制防撞柱的频繁升起和降落;具有升起速度快、防撞性能强的特性,可线控和远程遥控,并可通过计算机可实现程序化控制(如图8-8)。

图8-8 全自动防撞柱

2. 半自动防撞柱。与全自动防撞柱相比,半自动价格会比较便宜,采用的是气压缓冲同时无需供电与布线。在开启升降阀后路桩自动缓慢上升,并保持障碍状态;取消障碍时需要稍加用力按压柱体,将其降至最低位后锁定。也可搭配全自动升降柱使用。

3. 手动防撞柱。手动防撞柱是简约式伸缩路桩,由人工手动提拉柱体的上升和下降动作。当放行车辆通行时无需拆卸和搬运,可直接将柱体锁定于地面以下,配有特质隐藏式锁头,增加了用户的使用安全性,同时还方便、经济实惠(如图8-9)。

图 8 – 9　手动防撞柱

4. 移动式防撞柱。移动式防撞柱价格最为低廉，施工最为简便。它无需挖地施工、无需布线供电。使用者可将移动式防撞柱锁定于需实行阻碍的地点，待取消阻碍后，可去除锁定移走路桩。相对于传统固定栅栏，移动式防撞柱的使用更加灵活，适合商店、私人住宅等频率较低的场合。

（二）使用方法

车辆行驶近时，按动对应组的遥控器（或手动调节）降柱按键，对应路柱下降，车辆通过。车辆离开后，可以遥控器（或手动）调整升起。

三、减速带、防撞墩

减速带、防撞墩是安装在公路上使经过的车辆减速的交通设施，形状一般为条状，也有点状的，材质主要是橡胶，也有的是金属的，一般以黄色黑色相间以引起视觉注意，使路面稍微拱起以达到车辆减速目的（如图 8 – 10、图 8 – 11）。

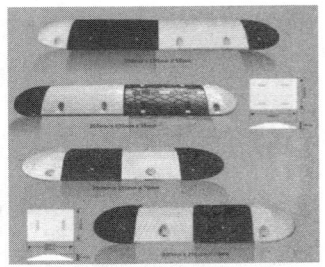

图 8-10 减速带

图 8-11 圆形减速带、防撞墩

使用方法：在车辆行驶路段，安装减速带和防撞墩，使车辆减速慢行，保障整个出入口路段的安全通畅。

【拓展学习】

北京卓奥世鹏科技有限公司等

第八章 安全防护系统的使用

【思考练习】
1. 常用的阻车器有哪些？
2. 简述阻车器的功能。
3. 阻挡装置使用的要点是什么？

第五节 防暴（爆）、防护器材的使用

一、防暴器材

（一）防暴服

1. 防暴服结构及简介。防暴服也称防暴盔甲服、盔甲服等，它能有效地抵御利器、棍棒及各种非爆炸性投掷物的攻击，并具有一定的阻燃性能（如图8-12）。

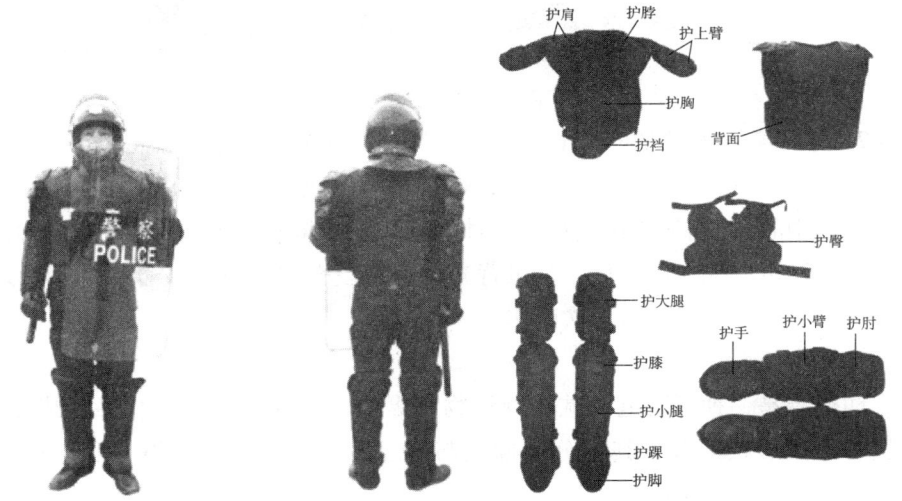

图8-12 防暴服

警用防暴服由护前胸、护后背、护肩、护上臂、护小臂（肘）、护大腿、护小腿（前、后）、膝盖、脚背）、护脖等部件组成。穿着简单方便，灵活性强，着装后不会使两臂的自由运动及人体跪、跳、蹲、跑、俯仰、转体等动作受到明显限制。防暴服耐高低温，抗冲击性能强，防护部件缓减击打冲击

力,对人体起到有效防护作用。

2. 使用方法。防暴服各个相关部件通过尼龙搭扣、活动扣进行连接后,形成两大件:上身部件、下肢部件。各小部件之间可以调节,适应不同身高者穿着。

(二) 防爆毯

1. 防爆毯结构及介绍。防爆毯是一种用高强度防弹纤维材料,经过特殊工艺加工制成的一种毯子形状的防爆器材。防爆毯的外套耐磨、防水;同时它还可替代原防爆罐笨重的沙包,可以阻挡易爆物爆炸时产生的冲击波和碎片。一般用于爆炸物的隔离、保护(如图8-13)。

图8-13 防爆毯

2. 防爆毯的使用方法和注意事项。在使用时先用防爆围栏将可疑爆炸物罩住,尽量将可疑爆炸物置于中心,然后再将防爆毯盖在围栏上(防爆毯也尽量铺向中心)。防爆毯因内部材料性能绝对不能将其放置在强紫外线光照的环境下,所以在储放的时候,尽量背光,不然会影响其使用寿命和防爆能力。当防爆毯被爆炸后,不得再次使用。

(三) 防爆罐

防爆罐是一种可防范及减弱爆炸物品爆炸时对周边人员及物品造成损伤的器材。按形状来分,其可分为桶型与球型两种,也称为防爆桶和防爆球;根据实际使用情况可配装牵引车。

1. 防爆罐(桶型)结构及功能。防爆罐(桶型)是一种用于盛放爆炸装置的器材,并可以弱化爆炸装置的爆炸威力从而达到保护人员和财物的目的。室内使用要求空间高度6米以上。它由三重结构、四种抗爆材料组合而成,外包不锈钢,上有抗爆盖。三重结构为:外罐、花罐、填充层(需每5年进行更换)。四种抗爆材料为:特种抗爆、抗老化、耐火抗爆胶、特制蓬松层。

耐火材料为：PVC 片、特制钢板。组件为：防爆盖 1 件、罐 1 件、牵引钩绳 1 根（如图 8-14）。

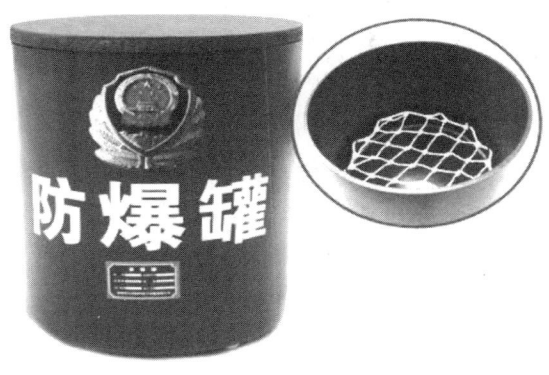

图 8-14　桶形防爆罐

2. 防爆罐（球形）结构及功能。防爆罐（球形）是在球体的下方安装有 4 个脚轮，可在平坦的地面推移，特别适合安放在人群积聚的机场、车站、各种场馆等公共场所临时储存爆炸物品。球形防爆罐是密封式的容器，经过大量的试验证明其具有极强的抗爆能力，爆炸物品即使在罐内爆炸，所产生的冲击波和碎片也会被阻隔在球内，对周围的人员和环境起到很好的保护作用，有效地防止爆炸事件的发生（如图 8-15）。

图 8-15　球型防护罐

一般在安检通道处都会配备专用防爆罐，以防不法分子携带爆炸品危害乘客人身安全。

3. 防爆罐的使用及注意事项。

（1）将球形防爆罐运输到目的地后，开启球盖，防爆罐进入工作状态。

（2）将可疑物放入球形防爆罐内，用手拉限位把手，防爆罐球盖自动关住，并处于锁紧位置，此时可移动防爆罐至安全地域。

（3）当防爆罐移至安全地域，待人员撤离后，用手拉动开启把手，使压缩弹簧从球盖钩脱离，球盖的自重使球盖沿罐体轴向向下移动，球盖全部打开，可用专用工具从防爆罐取出可疑物。

（4）当需要销毁爆炸物时，将雷管（起爆药）及导线从销毁装置孔插入同爆炸物相连，在人员撤到安全地域后起爆。

（5）当使用防爆罐发生一次或多次爆炸后如出现下列之一现象时，则不得再继续使用该罐：①罐体存在明显变形；②通透裂纹和孔洞；③防爆盖与罐体间隙大于5mm；④防爆盖或法兰鼓起大于2mm。

（6）销毁装置是专门为销毁爆炸物用的，可以将雷管及导线从该孔插入，该装置自动下压闭锁。

二、防护器材

（一）防刺服

防刺服也称为防刀衣、防刃衣或防刃服，具有防刀割、防刀砍、防刀刺、防带棱角物体刮划、耐磨损、防盗等功能。穿着防刺服后如遇磨损或用尖刀（利刃、尖锐物体等）切、割、砍、刮、蹭、划时可保护穿着者不受割伤、划伤、蹭伤、砍伤，适用于在有被割伤的危险下穿着。

1. 防刺服结构及特点。防刺服由外套和防护层（含保护套）组成。防刺服由防护层、内套和各色外套组成。按防刺层所用材质可以分为硬质、软质、软硬质结合三种。前、后身由肩部和侧腰尼龙搭扣连结，且可调节，外套可拆卸洗涤（如图8-16）。

图 8-16 防刺服

2. 使用方法及注意事项。

（1）穿着防刺服时，先解开其两侧的腰带，套头穿上。

（2）调节左、右腰部尼龙搭扣至松紧适中。

（3）调节肩部尼龙搭扣领口与锁骨贴合。

（4）卸下时，先解脱腰部两侧调节带，然后解开一侧肩部调节带，即可从头部脱下。

（二）防弹衣

1. 性能及分类。防弹衣是指"能吸收和耗散弹头、破片动能，阻止穿透，有效保护人体受防护部位的一种服装"（如图 8-17）。从使用上看，防弹衣可分警用型和军用型两种。从材料上看，防弹衣可分为软体、硬体和软硬复合体三种。软体防弹衣的材料主要以高性能纺织纤维的复合材料为主，这些高性能纤维的能量吸收能力远高于一般材料，赋予了防弹衣防弹功能，并且由于这种防弹衣一般采用纺织品的结构，因此又具有相当的柔软性，称为软体防弹衣。硬体防弹衣则是以特种钢板、超强铝合金等金属材料或者氧化铝、碳化硅等硬质非金属材料为主体防弹材料，由此制成的防弹衣一般不具备柔软性，以插板形式为主。软硬复合式防弹衣的柔软性介于上述两种类型之间，它以软质材料为内衬，以硬质材料作为面板和增强材料，是一种复合型防弹衣。

图 8-17 防弹衣

2. 使用方法及注意事项。

(1) 穿着防刺服时,先解开其两侧的腰带,套头穿上。

(2) 调节左、右腰部尼龙搭扣至松紧适中。

(3) 调节肩部尼龙搭扣领口与锁骨贴合。

(4) 卸下时,先解脱腰部两侧调节带,然后解开一侧肩部调节带,即可从头部脱下。

(5) 插入防弹插片。

(三) 防割手套

1. 性能及结构。防割手套是一种很难被割破的手套,对手起保护作用。它能有效防范刀子、玻璃、石头等利器的切割伤害。佩戴防割手套,可手抓匕首、刺刀等利器刃部,即使刀具从手中拔出也不会割破手套,更不会伤及手部(如图 8-18)。

第八章 安全防护系统的使用

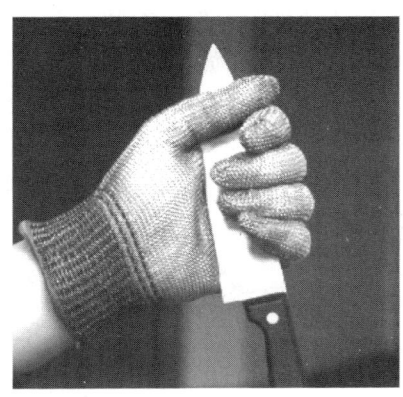

图 8-18 防割手套

2. 使用方法及注意事项。经长期使用，不断地接触利刃后手套会出现小破洞，若手套的小洞超过 1 平方厘米，此手套便需要修理或更换。

【思考练习】

1. 防爆设施有哪些？
2. 简述防爆设施的功能。
3. 防护设施有哪些？
4. 防护设施使用的要点是什么？
5. 防爆设施的使用要点有哪些？

第六节 车底检查镜的使用

一、车底检查镜的结构及特点

车底检查镜也叫车底视频探测镜，简单的车底视频检查镜其实就是由一块凸镜和手柄构成的，只是对凸镜的镜面设计有一定的要求，主要是对凸镜放大倍数有严格的要求，还要求防碎、清晰等。车底检查镜的组成部件主要包括：防碎镜面，具有一定韧性，不易破碎，安全耐用，亮度与玻璃镜面无异；硬胶底部与包围，能有效防止碰撞而对镜子带来的损伤；握杆，要求可伸缩拉杆及前后翻动关节设计，可最大限度深入到被探测车辆及物品；双珠弹片，双保险定位。为了适用于夜间或暗处工作，就需要有一定的光源，可选荧光灯（光源自然、柔和）和 LED 灯（使用寿命长、亮度高、防水、可拆卸充当工作灯）（如图 8-19）。

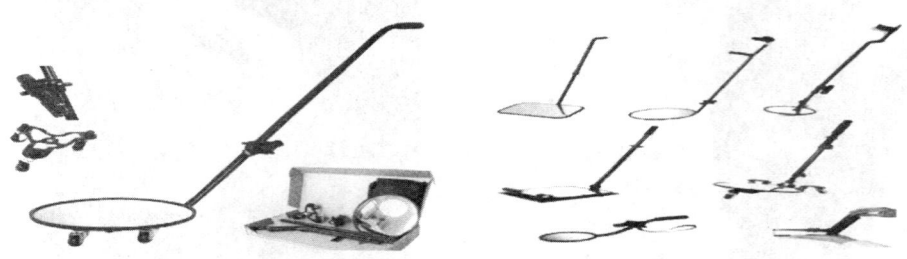

图 8-19　车底检查镜

二、液晶视频车底检查镜

随着电子视频技术的发展，电子视频车底检查镜现在已经出现并开始广泛应用了，它可以进行录像存储和分析。电子车底视频检查镜一般由液晶显示屏、摄像头、推手杆等构成，显示器采用数字屏，具有使图像左右转换和多倍电子变光等强大功能，摄像头加装红外照明，使其在黑夜也能正常使用，推手杆使用起来也很舒适方便（如图 8-20）。

图 8-20　液晶车底检查镜

三、使用方法

1. 取出检查镜，按住可收缩尼龙绳的关节部位，退出绳子，并提起拉杆（拉杆为双固定设计）。在包装状态下，拉杆处于最短状态，需先按照拉杆上

第八章 安全防护系统的使用

塑料环的指示松开拉环，然后按下拉杆上的弹珠，拉起上杆，待听到锁定的声音，停止并反方向锁紧拉杆上的塑料环。

2. 打开光源，双手握住把手，左右或者前后在车底搜索，充分利用反射效果从车的一边到另一边开始搜索。

3. 当使用完毕时，需用软布擦拭镜面，去掉灰尘，收回拉杆，并固定尼龙可退套绳，放入箱内保存。

4. 为加快检查速度，建议使用2～4套检查镜同时搜索。

5. 对于液晶视频车底检查镜的使用。

（1）开机。在关机状态下，长按电源键"POWER"开启模块，开机成功并显示欢迎界面后，进入预览模式，屏幕显示电量提示。开机后如果没有SD卡，屏幕将提示"No SD card"，此时请插入SD卡。

（2）录像。在预览模式下，长按录像和拍照键"PH/REC"，进入录像状态，屏幕上方出现闪烁的录像标记"红色小圆点"，表示正在录像。屏幕右下方显示录像工作时间。系统默认录制5分钟存储一次。再次长按录像和拍照键，退出录像状态。

（3）拍照。在预览模式下，轻触录像和拍照键"PH/REC"，显示屏左上方会出现一闪而过的照相机符号，拍照成功并保存影像后，自动退回到预览模式。

（4）定格。在预览模式下，轻触定格键，显示屏出现人手小图标，此时可以冻结图像。再次轻触定格键，解冻图像并回到预览模式下，人手小图标消失。图像冻结时，轻触录像和拍照键"PH/REC"可保存冻结影像并回到预览模式。

（5）关机。在开机状态下，长按电源键"POWER"，即关机。

【思考练习】

1. 车底检查镜有哪些？
2. 简述车底检查镜的功能。
3. 车底检查镜使用的要点是什么？

第七节 危险液体检查仪等专用检查（探测）设备的使用

一、危险液体检查仪

危险液体检查仪是一款用于检测易燃易爆液体的安检仪器，检查仪可检测多种易燃易爆液体。如汽油、柴油、煤油、无水乙醇、丙酮、苯、香蕉水、乙醚、二氯甲烷、三氯乙烯、石油醚、松节油、液体石蜡、甲苯、二甲苯、乙酸乙酯、正丁醇、二氯乙烷、正戊烷、环己胺、环己烷、二硫化碳、甲醇、异丙醇、乙二胺、硝基甲烷、液体炸药等。

此处主要介绍手持式液体检查仪（如图8-21）。

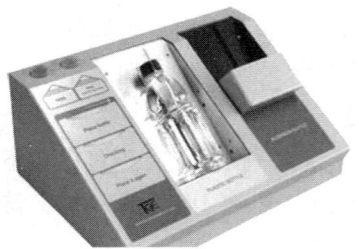

图8-21 液体检查仪

（一）危险液体检查仪的特点

危险液体检查仪可对非金属容器内的液体进行安全检查。它采用准静态计算机断层扫描技术，通过测定待测液体的介电常数和电导率，从而判断其易燃易爆性。检查仪能够在不直接接触液体的情况下将液体炸药、汽油、丙酮、乙醇等易燃易爆液体与水、可乐、牛奶、果汁等安全液体区分开。

（二）危险液体检查仪的使用

手持危险液体检查仪不需要任何调整或编制，且非常容易使用。将该设备传感器贴近想要检查的液体水平面以下，然后按下按钮即可。如显示绿色信号表明液体安全；如显示红色信号则表明存在潜在的危险液体（爆炸性或易燃液体），此时应修正操作姿势，重新检测（如图8-22）。

第八章 安全防护系统的使用 | **103**

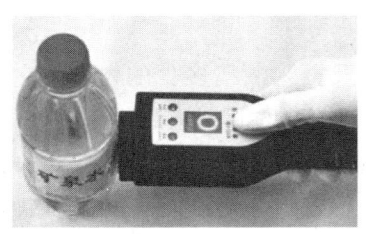

图 8-22　手持式液体检查仪

1. 正确操作方法。
（1）传感器的整个探测头都要与容器壁正对相接触（如图 8-23a）。
（2）如果液面不足以覆盖整个传感器表面，应当使用（如图 8-23c）的测试方法。
2. 错误的操作方法。如果测试方法不得当，会出现不准确的测试结果（如图 8-23b）。

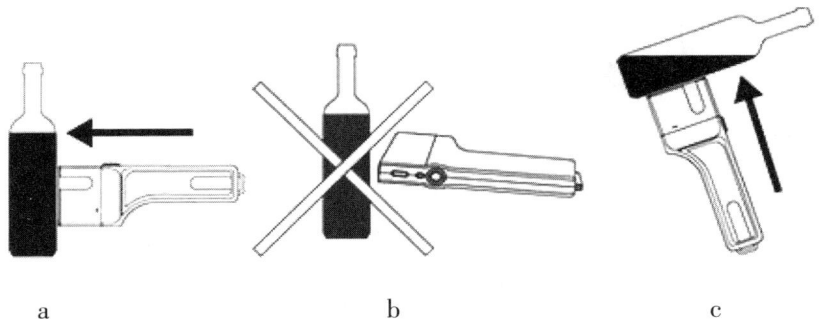

　　　a　　　　　　　　　　　　b　　　　　　　　　　　　c

图 8-23　手持式液体检查仪操作指示

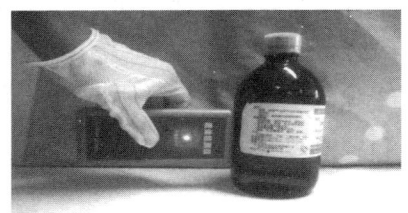

图 8-24　手持式液体检查仪操作指示灯

二、酒精检测仪

酒精检测仪是用来检测人体是否摄入酒精及摄入酒精多少的仪器。它主要被应用于检测驾驶人员是否酒后驾驶,其中最常见的酒精检测仪为呼气式。呼气式酒精检测仪是检测驾驶人员呼气中酒精含量的仪器(如图 8-25)。使用时要求被测者口含吹管呼气,被测者深吸气后以中等力度呼气达 3 秒钟以上,呼气中的酒精含量与血液中的酒精含量关系为:血液酒精浓度 = 呼气酒精浓度 ×2200。

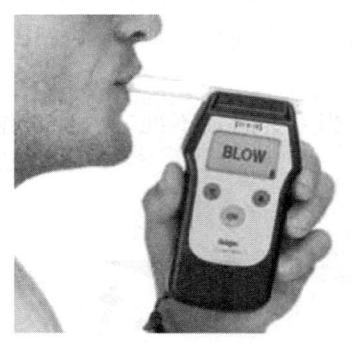

图 8-25 酒精检测仪

(一)结构与特点

目前全世界几乎所有国家都采用呼气酒精测试仪对驾驶人员进行现场检测,以判断被测量者是否酒后驾驶。燃料电池型呼气酒精测试仪和半导体型呼气酒精测试仪是其中两大常用机型。半导体型酒精测试仪的最大优点是价格低廉,只有燃料电池型的几分之一,但性能远比燃料电池差,所以通常用在自我检测或一般性测试。若是作为执法或者处罚依据的人体酒精含量检测,则应该使用燃料电池型酒精测试仪(如图 8-26)。

第八章 安全防护系统的使用

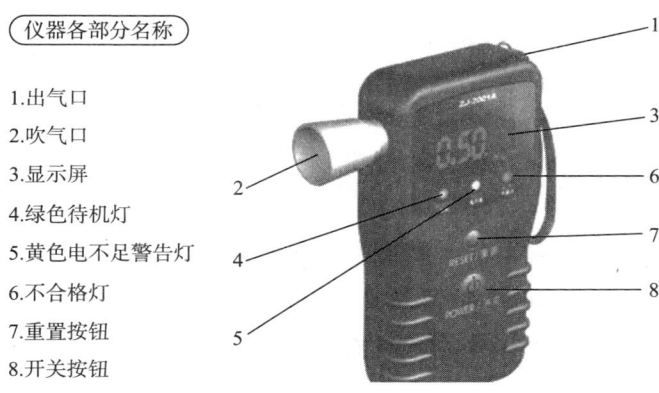

仪器各部分名称
1. 出气口
2. 吹气口
3. 显示屏
4. 绿色待机灯
5. 黄色电不足警告灯
6. 不合格灯
7. 重置按钮
8. 开关按钮

图 8-26 酒精测试仪各部分名称

（二）操作使用方法

1. 按下电源开关，仪器进行内部自检和预热，显示从 200 到 0 的倒计时，历时 20 秒。

2. 计时结束发出声音提示，同时绿灯变亮，中间的黄灯闪烁，表示仪器正常，可开始检测。

3. 对准吹气口吹气 4 秒，若检测到酒精，蜂鸣器报警，红、绿灯同时闪烁。再过 4 秒，显示浓度数据，若浓度在 0.00 和 0.40 之间，仅绿灯闪烁；若大于等于 0.50，仅红灯闪烁，并伴有急促的声音报警。浓度数据保持 15 秒后仪器显示变为 OFF（注：由于在该显示模式下灵敏度极高，所以若仪器内有残留酒精气体，将会有微小数字显示）。

4. 若吹气后没有检测到酒精或开机后 30 秒内不做任何检测，仪器显示从 0 变为 OFF。

5. 当仪器显示 OFF 时，需要重新开始测量。

（三）使用建议

1. 建议最好在喝酒 20 分钟后测试。这是因为酒精通过消化系统被血液吸收需要大约 20 分钟，口腔里的剩余酒精也需要大约同等长度时间消散。

2. 避免在大风环境下或空气污浊的封闭房间里测试。

3. 不要把香烟的烟气吹进仪器，这样会损坏传感器。建议吸完烟后等待

1 分钟再进行测试。

4. 禁止往吹气口内吹烟雾，吹气口内不能进入液体，不要堵住出气口。

5. 黄灯亮表示电源电压偏低，需更换电池。

三、执法记录仪

执法记录仪又称现场执法影像记录仪、警用执法记录仪、现场执法记录仪、单警执法视音频记录仪。它可以提供有效的现场影像资料，供案件指挥、侦破和检察机关取证，且具有体积小，便于携带、待机时间长等特点（如图 8-27）。

图 8-27　执法记录仪

（一）外观按键说明（如图 8-28、图 8-29）

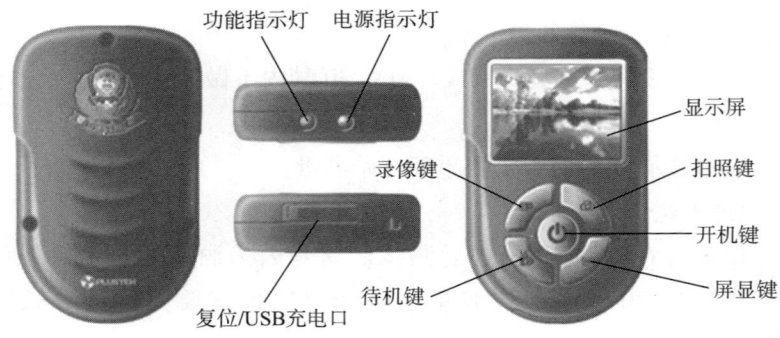

图 8-28　外观按键 1

第八章 安全防护系统的使用 107

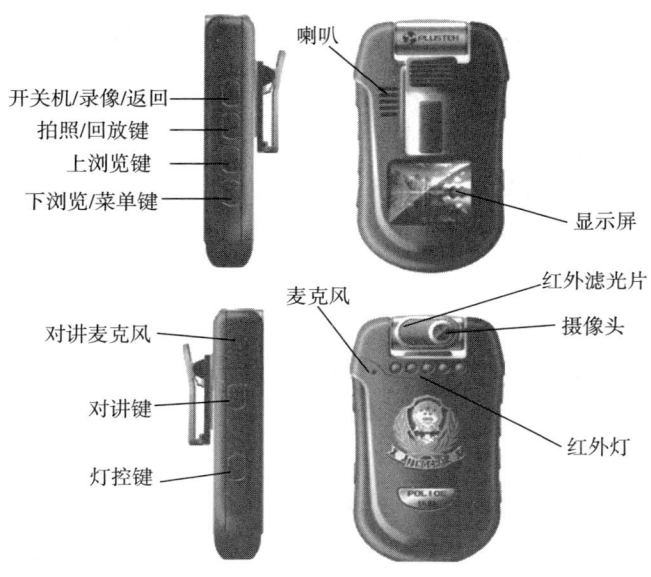

图 8-29 外观按键 2

（二）操作使用

1. 开关机。

（1）开机：按住"开关机/录像"2 秒，红灯亮，"嘀"一声开机。

（2）关机（待机）：任何模式下，按住"开关机/录像"键 2 秒，"嘀"三声关机，关机前会自动保存正在录制的视频。关机时，主机遥控接收为待机状态，随时可使用遥控器开机。

（3）自动关机：开机后，不进行任何操作，30 秒钟后自动关机。

2. 拍照模式。按住"开关机/录像"键 2 秒，"嘀"一声开机，进入主模式。短按一下"拍照"键，转到拍照模式，"咔嚓"一声提示已拍照一张。

3. 录像模式。

（1）短按一下"开关机/录像"键，"嘀"一声提示开始录像，再按一下"开关机/录像"键，"嘀"两声提示停止录像，并已保存录像。

（2）录像分辨率选择：在主模式下，短按"菜单"键，进入菜单模式进行图像分辨率的转换，分辨率可选择 1280×720、720×576、720×480、640×480，按"拍照"键确认并返回主模式，默认模式为 720×480 格式。

4. 浏览模式。

（1）进入浏览：在主模式下，短按"上浏览"键进行到上下浏览模式，用上下键选中相应录像或拍照文件夹，按"回放"键进入，选中相应文件后即可按"回放"键播放。

（2）退出浏览：在浏览模式下，短按"开关机"键，返回到主模式下。

（3）切换浏览：短按"上浏览"键或"下浏览"键切换图片及录像。浏览时，图片文件的标志为屏幕右上角有蓝色三角标志；录像文件的标志为屏幕右上角有红色录像机标志。

（4）录像回放：浏览模式下，如浏览对象为录像文件，短按"回放"键启动回放。在回放时按"上浏览"键为减小音量，按"下浏览"键为加大音量，再次短按"回放"键可暂停回放，再按一次将返回上一级。

（5）备注：不能从浏览模式直接切换至拍照模式，需短按"开关机"键，进入主模式后再操作相应功能。

5. 红外摄像。短按"灯控"键，可以手动开启或关闭红外灯，一般在外界环境低照度情况下，可将红外滤光片从镜头上方拨开并开启红外灯，此时图像变为红外摄像模式，色彩还原能力将会降低，也可能会变化黑白录像，这是正常现象。

6. 对讲。可选配 USB 专用对讲线连接对讲机，实现对讲功能（对讲连接线为选配件）。

7. 遥控器使用。遥控器采用 RF 无线编码遥控，具备全向遥控及身份识别功能，操作具有隐蔽性。使用遥控器可以遥控完成开关机、录像及拍照操作。使用遥控器看实时画面时用屏显键。

备注：遥控器无浏览功能，需要在机器上操作浏览。当遥控进行任何按键操作时，主机将会切换到遥控模式，这时主机上的 TFT 屏将会自动黑屏，转为向遥控器视频发射待机状态，按遥控器的屏显键可查看主机当前画面，需要在主机上查看时可短按任何键，图像将切换到主机屏上显示。

8. 佩戴方式。执法记录仪采用了强咬合力全钢制背夹，可以根据现场拍摄需要进行多角度调整，可任意调节执法仪的摄像角度。挂式背夹配有专用配件与执法仪双重固定，可佩戴于肩前和胸前。因其牢固耐用，故而无论是行走或跑动均可使执法仪正对前方目标。

【思考练习】

1. 危险液体检查仪的使用要点有哪些？
2. 简述危险液体检查仪的功能。
3. 酒精测试仪的使用要点有哪些？
4. 简述酒精测试仪的功能。
5. 执法记录仪的使用要点有哪些？
6. 简述执法记录仪的功能。

学习小结

为进一步提高安全和谐的诉讼环境，增强诉讼当事人安全感，法院在不断完善安保机制的基础上，进一步加大投入机关庭院内保设施设备的建设，强化内保基础设施建设，提升重要基础设施安全防控水平，在法院周界配备周界防入侵报警系统，在审判办公楼配备视频监控系统，在出入口设置身份识别系统，在法院大门口设置车底检查设施、防冲撞设备、灭火器、盾牌、防刺服、防割手套等必备的安全保卫设施设备，对现有的审判法庭、立案大厅、法院大门、走道通行情况安装监控设备实施全程监控录像。配齐法警队伍装备，提高自身防范能力和应对突发事件能力。通过法院内部配合及法院与政府信访部门、公安机关的外部协调，共同构建沟通交流的平台，及时了解重点监控人员动态，变被动为主动，及时扼制突发事件，形成全面的安保体系。

实训练习

法院的日常工作要求对出入法院的外来人员、车辆、物品认真做好检查和登记工作，严格注意随身携带的包裹等物品，注意其动态，发现有疑点及时控制处理，随时筑牢安全防范意识。在日常防范过程中，既要履行好自己的职责，又要学会自我保护，不断提高判断分析和处理问题的能力。

结合法院工作实际，编制法院内部安保设施设备防范的关键点和内部人员防护的要点，并阐明对外来车辆、人员、物品的检查和处置方案。

第九章　安全检查的组织实施

目标任务

　　了解安全检查的对象、内容、组织原则和安全检查前的准备事项；理解并掌握证件查验、人身安全检查、物品检查以及场所安全检查的基本方法；能够独立完成证件查验、人身安全检查、物品检查以及场所安全检查工作；树立严格规范、文明执法、认真细致、一丝不苟地履行对进入诉讼场所人员及携带物品进行安全检查、切实维护安全检查场所秩序的优良工作作风和意识。

知识技能

　　证件查验的组织实施；人身安全检查的组织实施；物品检查的组织实施；场所安全检查的组织实施。

第一节　安全检查的组织原则

一、安全检查的对象

（一）安全检查对象的类别

　　安全检查是保障审判场所安全、保证审判活动顺利进行的重要预防措施。一旦确定实施，凡是进入法院审判区的所有诉讼参与人及旁听人员，均要接受安全检查。安全检查工作是人民法院司法警察依法防止未经允许的管制器具、危险物质、限制物品等进入诉讼场所，保障参加诉讼活动人员人身安全和诉讼工作顺利进行的职务行为。其对象主要包括：公诉人、律师等依法出庭履行职务的人员；参加庭审活动的诉讼参与人、第三人；参加旁听的人员。

（二）安全检查的重点对象

　　在经观察发现有可疑情况的基础上，对下列几种有违正常人行为模式的可疑对象，应引起重点注意，纳入检查范围之内。

1. 身份可疑。一个人的身份是否可疑，主要是从其行为与时间、空间及行为人之间的关系表现出来的。

2. 行为可疑。行为可疑主要是指有从事违法犯罪活动嫌疑，举止有违正常人的行为模式，在拥挤混乱的环境中做出与其身份不相符合的"小动作"，如见到检查人员有躲避行为等。

3. 携物可疑。如携带可疑工具；携带大量不明现金；携带法定违禁品；等等。

4. 痕迹可疑。如衣着染有血污，手脸有污垢，穿着不符体态、季节，身负不明之伤，等等。

5. 体貌可疑。如体貌类似被通缉、通报查找对象的，面带疲劳、困倦之意的，面有惊恐、失常之态的，等等。

（三）对特殊人员的检查

1. 未成年人。检查未成年人要照顾未成年人的身心特点，尊重其人格尊严，保护其合法权益，要讲究和采取不同于成年人的方式方法。

2. 聋哑人。对于聋哑人不便当场检查的可带至单位后，聘请通晓哑语的人协助。

3. 醉酒的人。在安全检查过程中，通过对受检人员面部、语言、行为、步态等观察初步判定为饮酒人员的，应当对其进行询问，告知其醉酒的人不能进入诉讼场所。受检人员否认醉酒的，应当对其使用酒精测试仪。测试结果显示酒精含量大于或等于 80mg/100ml，或小于 80mg/100ml 但言语含糊、精神状态异常的，应当拒绝其进入诉讼场所。

4. 妇女。对妇女有必要进行人身检查的，应由女司法警察进行。

5. 外国人。应当按照我国有关规定和国际条约及双边领事条约的规定，经上级批准后进行。

（四）不得进入诉讼场所的人员

下列人员不得进入诉讼场所：①无证件，伪造、冒用他人证件的人；②未获得人民法院批准的未成年人；③醉酒的人、精神病人或者其他精神状态异常的人；④拒绝接受安全检查或者不听从安全检查人员安排的人；⑤衣着不整、着装不文明的人；⑥其他可能危害法院安全或者妨害诉讼秩序的人。

二、安全检查的内容

安全检查的内容主要包括以下几个方面：

（一）对进入审判场所人员身份的确定

要确定进入审判场所人员的身份，就要求查验相关人员的有效证件。有效证件的种类主要包括：居民户口簿、身份证、临时身份证（居住证）、军官证、武警警官证、士兵证、军队学员证、军队文职干部证、军队离退休干部证和军队职工证、护照、港澳同胞回乡证、港澳居民来往内地通行证、中华人民共和国来往港澳通行证、台湾居民来往大陆通行证、大陆居民往来台湾通行证、外国人居留证、外国人出入境证、外交官证、领事官证、海员证等在有效期内使用的证件。最常用的有效身份证件是有效期内的居民身份证、户口簿。在安全检查过程中，发现未经允许的外国人（使、领馆人员，外国记者等）要求旁听公开审判的案件，应当阻止其进入，并报告司法警察部门负责人以及案件承办人；各类媒体要求采访的，应当阻止其进入，并告知其联系相关部门。

（二）对进入审判场所人员的人身及其行李物品的检查

1. 对人身的安全检查。按照规定，对进入审判场所的人员应当依法进行人身检查，检查其是否随身携带枪支弹药、管制刀具、易燃易爆、腐蚀、有毒、放射性等危险物品，是否未经法院允许，携带各种录音、录像、摄影器材等限制物品，以及其他可能妨害法庭审判秩序的物品。安全检查必须在进入法庭前进行，拒绝检查者不得进入。

2. 对行李物品的安全检查。按照规定，对进入审判场所人员所携带的行李物品应当依法进行检查，检查其行李物品中是否有限制性、管制性和禁止性等危险物品，以保障法庭审判活动的安全。

【拓展学习】

《法庭安检：维护法庭安全与保障诉讼权利的新平衡》

三、安全检查的组织原则

（一）专人专岗，强化执勤责任意识

安全检查工作由司法警察部门负责组织实施，相关部门协助。安全检查人员可以由司法警察、司法警务辅助人员、专职安全检查人员担任。安排司法警务辅助人员或者其他专职安全检查人员实施安全检查时，应当由司法警察带班。带班司法警察负责组织安全检查场所秩序维护、暂扣物品处理、突发事件处置等；司法警务辅助人员或者其他专职安全检查人员负责具体实施安全检查，并服从带班司法警察的调派。担负安全检查工作任务的司法警察应当配备警棍、手铐、催泪喷射器、对讲机、防割手套、执法记录仪等警用装备，必要时配备武器；担负安全检查工作任务的其他人员应当配备防护装备。担负安全检查工作的人员应当经过专门培训，培训合格后方可上岗，并定期参加业务培训考核。对考核不合格、不适合继续从事安全检查工作的人员，应当及时调离安全检查工作岗位。人民法院对在担负安全检查任务中表现突出、作出积极贡献的司法警察，应当按照规定给予表彰奖励；对因不正确履行职责、失职渎职，造成严重后果的，应当按照规定追究责任。

定期组织执勤安全检查工作的司法警察认真学习上级法院下发的关于法院安全检查工作的规定和通知等文件，观看安全警示教育片，增强安全保卫意识，做到警钟长鸣，防患于未然，从源头上减少安全事故隐患。要求其树立"安全工作无小事"的理念，不断强化"安全第一"的责任意识，充分认识到当前法院安全形势的严峻性，切实做好安全检查工作。

（二）严格执行安检规则

对所有进入法院的人员进行身份核查，并予以严格登记。履行职务并持有效工作证件的检察人员、律师可以通过专门通道进入诉讼场所，按规定查验其身份和登记证件即可，需要安全检查的，应对检察人员和律师平等对待。对于人民法院采取电话通知、电子通知等其他方式通知检察人员、律师出庭而没有出庭通知书的，在与案件承办人核实后，可以让检察人员、律师通过专门通道进入法庭。随同律师同行的实习律师、律师助理、法律实习生等，不属于出庭履行职务的律师，不能通过专门通道进入法庭，须接受安全检查。

安检工作人员要严格按照安检规则的规定进行安检，对限制物品实行寄存制；对不许私人携带的枪支、刀具等管制物品予以收缴，由司法警察部门统一处理；对查出的易燃易爆物品、强腐蚀性物品等危险物品和其他不得带入法庭的物品，在确保没有危险的情况下，按照限制物品寄存方式处理或者按有关规定予以收缴。对拒绝接受安全检查或者不听从安全检查人员安排的受检人员，应当阻止其进入诉讼场所，对不听劝告者应当采取相应的强制手段。

受检人员实施下列行为之一，危及安全检查人员安全或者扰乱安全检查工作秩序的，应当先行予以控制，并视情节移交公安机关：①侮辱、诽谤、威胁、殴打法院工作人员；②实施危及他人人身和财产安全的行为；③故意毁损安全检查场所设施设备；④其他扰乱安全检查现场工作秩序的。有下列情形之一，应当移交公安机关：①使用伪造、变造的身份证件；②哄闹、冲击安全检查场所；③抢夺警用装备；④发现公安机关通缉的违法犯罪嫌疑人；⑤随身携带属于国家法律法规禁止个人持有和携带的管制器具、危险物质；⑥其他应当移交公安机关的情形。

（三）加强人力物力保障

加强司法警察队伍建设，每天安排4~6名安检人员负责日常安检。安全检查是一项专业性、技术性很强的工作，各种安全检查设备的操作，对各种危险品的检查、识别和处理，都需要有一定的业务知识和专业安检技能。因此，要加强安检基础理论的学习和培训，掌握扎实的专业知识，具备熟练的业务操作技能，进一步提高执法水平和执法能力。

安全检查场所应当设立安全检查告知牌和管制器具（枪支、弹药、管制刀具以及其他具有杀伤力的器具等）、危险物质（易燃易爆、放射性、毒害性、腐蚀性、强气味性物质以及传染病病原体等）、限制物品（液体及胶状、粉末状物品，标语、条幅、传单等）展示牌，有条件的可以设置电子展示牌。安全检查场所应当配备具有拾音功能的监控系统、智能访客系统、金属探测门、X射线检测仪、手持金属探测器、酒精测试仪、储物柜等设施、装备。有条件的人民法院可以配备液体检测仪、爆炸物品检测仪、鞋底金属探测器等设备。安全检查场所还应当配备盾牌、防刺（弹）背心、防暴头盔、抓捕器、警绳、防毒面具、防火毯、隔离服、防护服、防护眼镜等防护装备。人民法院配备的安全检查设施、装备应当符合国家相关强制性标准的规定，并定期进行维护保养或者更新。坚决杜绝设备带病工作，防止由于设备故障造成误判。安全检查场所应当设置防冲撞设施，配备防爆、防毒、防火和防暴力袭击等装备。人民法院应当在安全检查场所的显著位置，采用多媒体、实物或者图片展示等方式，告知群众安全检查工作的有关规定、要求。未按规定设置安全检查场所、配齐安全检查人员、配备安全检查装备，造成严重后果的，应当根据有关规定追究相关部门以及负责人责任。

（四）提前制定防控预案

在做好日常安检工作的同时，注重加强业务部门与司法警察之间的沟通交流，业务部门就可能有过激行为的当事人与司法警察提前做好沟通，以备提前做好重点防控，及时制定处置突发情况预案。

处置突发事件的各项预案制定是否科学、合理，准备工作是否充分，将直接影响法院处置突发情况反应的速度和效果。预案应当包括指导思想、处置目的、情况设想、任务要求、处置原则方法、警力部署、组织分工、后勤保障及通信联络等。按照预案，结合日常训练进行处置突发预案的模拟演练，在演练中完善预案，夯实司法警察遇事不慌、临危不惧、机智勇敢、快速处置的能力。要牢牢抓住安全检查工作的主动权，将险情消灭在萌芽状态。

第二节 安全检查前准备事项

司法警察对进入审判区的人员进行安全检查，这是司法警察履行安全检查职责的主要内容。安全检查负责人员要督促落实安全检查方案，并组织实施，调配安全检查的警力，组织落实审判场所安全检查设备的检查及安全防范措施，处置安全检查中发生的突发情况，等等。安全检查场所的设置应当与审判、诉讼服务、办公等区域有效隔离，保持一定的安全距离，并形成只有单一进出口的封闭环境。安全检查场所应当设置残疾人无障碍设施和履行职务人员专门通道。

一、警力配备

人民法院应当根据安全检查工作需要，配备一定数量的安全检查人员，其中应当配备一名女性安全检查人员。安全检查人员应当经过专业培训以及考核，具备相关安全检查业务知识和专业技能。安全检查工作一般应当设置引导、证件查验、安检仪器操作、人工检查等基本工作岗位。安全检查任务较重的人民法院或者因工作需要，可以适当增加工作岗位和人员。司法警察安全检查时，应当按照规定着装并佩戴人民警察标志，携带警用装备。司法警务辅助人员或者其他专职安全检查人员应当统一着装，配备必要的防护装备。

（一）引导员

负责受检人员的引导和告知工作，使其接受和配合安全检查，维护安全检查秩序，确保安全检查工作有序进行。

（二）登记员

认真核对、查验受检人员的有效证件，并进行登记。

（三）安检仪器操作员

通过检测设备显示的图像识别受检人员携带物品的种类、性质，发现可疑物品时，提示人工检查员对可疑物品作进一步检查。待对可疑物品进行相应处理后，对受检人员箱（包）进行复检。

（四）人工检查员

对受检人员和可疑物品采用手持金属探测器与手工相结合的方法进行检查，对通过金属探测门出现报警的人员作重点检查。

二、设施设备的检查

司法警察应提前开启安全检查的设施设备，检查其性能是否完好；准备安全检查登记本，便于安全检查时记录情况，使安全检查工作有据可查；有条件的人民法院可以配备安全信息化访客登记系统进行识别、登记。

第三节　证件查验

一、证件查验概述

（一）证件查验的含义及目的

证件查验是指查明被检查对象的真实身份，是安全检查的主要内容和关键环节。根据我国有关法律规定，持证人必须随身携带合法证件，真实、合法、有效的证件可以证明一个人的真实身份。

证件查验是人民法院司法警察身份检查常用的一种合法、有效、便捷的查明公民身份以及是否符合法庭规则的方式。司法警察检查证件的目的是要通过对证件真伪的判定和对证件记录内容与持证人的核对，查明被检查人员的真实身份，从身份方面确认受检者是否符合进入法庭规定的要求。通过证件查验可以严格控制无关人员进入审判场所，以保证正常的审判秩序不受外来的干扰和影响，是防范和制止可能实施违法犯罪的人员采取伪造、骗取、冒名顶替或者涂改证件等方法混入法庭，维护法庭安全的重要手段。

（二）证件查验的类别

司法警察在检查中能够证明被检查人员身份的证件主要有：

1. 居民身份证。居民身份证是根据国家法律规定，具有证明公民身份效力的法定证件。此外，根据有关法律规定，正在服役的人民解放军军人、人民武装警察，不领取居民身份证，分别用军官证、警官证、士兵证替代身份证明；被判处拘役、有期徒刑以上刑罚者以及被羁押者在服刑和被羁押期间不发居民身份证，这些人因故在社会上活动时分别由执行机关签发有关证明信函证明身份；换领、补领居民身份证或者居民身份证尚未领到、常驻户口待定的公民，由临时身份证替代。

2. 护照和签证。护照（passport）是一个主权国家发给本国公民出入境和在国外旅行、居留时使用的合法身份证明和国籍证明。目前，在国际交往中普遍使用的有外交护照、公务护照和普通护照，以及供出入境使用的通行证、旅行证等。在我国，普通护照又分为两种，一种是因公普通护照，一般发给国家派出的研究生、留学生、访问学者和工程技术人员等，这种护照由外交部和地方外办颁发；另一种是因私普通护照，是由国家公安部和公安部授权的各地公安机关颁发给因私事前往外国或者旅游居住在国外的本国侨民使用的护照。

一个有效的护照一般包括下列内容：颁发护照国家的国名全称、国徽或代表国家标志的图案；持证人的姓名、性别、出生日期、出生地点、职业（或身份），有些国家的护照还有持证人的身高、肤色、眼睛和头发的颜色及面部特征等；持证人的照片、本人签字，照片上盖有发照机关的骑缝钢印；

发照机构的印章、发照日期、护照有效期限以及延期、签证页和护照使用说明等。护照使用的文字以本国文字为主,大多数国家的护照还同时印有国际通用的文字,一般为英文。

签证是指一个主权国家发给本国公民和外国人出入经过本国国境的许可证明。签证和护照可同时使用。

我国目前签发的普通入境签证是用汉语拼音字母加以标示的,有以下八种:D字(定居)签证;Z字(职业)签证;X字(学习)签证;F字(访问)签证;L字(旅游)签证;C字(乘务)签证;G字(过境)签证;J-1、J-2字(记者)签证。我国签发的普通入境签证具体用途是:D字签证是发给来中国定居的外国人;Z字签证是发给来中国任职和就业的外国人及其随行家属;X字签证是发给来中国留学、实习、进修6个月以上的外国人;F字签证是发给应邀来中国访问、讲学、考察或者经商,进行科技文化交流以及短期进修、实习等活动不超过6个月的外国人;L字签证是发给来中国旅游、探亲或者因其他私人事务入境的外国人;C字签证是发给执行乘务、航空航运任务的国际列车乘务员、国际航空器机组人员和国际船舶的海员及其随行家属;G字签证是发给经中国过境的人;对于J-1、J-2字签证,J-1字签证是发给来中国常驻记者,J-2字签证是发给临时来中国采访的外国记者所用。

3. 其他身份证明。由于各种原因或者在特殊的时间、地点,有些人还可以使用或者需要出示其他证件以证明身份,这些证件主要有机动车驾驶证、工作证、学生证、律师证、证明信、介绍信以及特殊通行证等。

二、证件查验的实施

(一)证件查验的内容

证件查验的内容主要包括:证件是否超过有效期,照片、姓名、年龄、性别等相关要素是否与持证人相符;准予旁听的证件是否与旁听的案件和法庭相符。

检查中如发现、判定伪造、变造、非法持有证件的或者持有多个证件等违反有关法律规定的,应及时收缴非法证件,并按照法律规定依法追究当事人的法律责任。

（二）证件查验的方法

1. 证件信息登记。设立专用的登记本，对于被检查人员的证件进行登记。证件查验员经核对、查验无误后，对相关证件进行登记。证件登记要做到内容完整、清晰，并妥善保管，以便查询、核实。对所登记证件记载的公民个人信息要注意保密，严格控制查询权限和知悉范围，严防信息泄露或者被窃取。审判场所一旦出现安全问题，登记情况是进行有关查询和调查的依据，有利于配合公安机关及时侦破审判场所发生的各类刑事、治安案件。

2. 判定证件真伪。在条件具备的情况下，可以采用安全信息化访客登记系统来进行身份证登记、二代身份证真假识别等操作。但是查验现场如果没有检查仪器，判定证件的真伪主要靠现场直观识别，这就需要检查人员眼手并用。认真查验证件的外观、式样、规格、塑封、暗记、花纹、照片、印章、颜色、字体、印刷以及编号、有效期限等主要识别特征是否与规定相符，有无变造、伪造的疑点，有关项目是否齐全，有无涂改痕迹；注意查验证件是否过期失效。只有真实、合法、有效的证件才能够证明一个人的真实身份。受检人员未携带本人有效身份证件的，应当告知其有效身份证件的范围，并向其说明不允许进入的理由。如确需到法院参加诉讼活动的，经审判长或者独任审判员允许方可进入，并做好记录；发现持假证或者故意冒用他人身份证件的，应当将人、证予以控制并移送公安机关处理。

3. 确认人与证相符。验明持证人与所持证件内容是否相符，弄清持证人的身份，把好人证相符关。首先，注意观察持证人的五官特征，查验证件上的照片与持证人是否相符，有无转借、冒名顶替、揭换照片的疑点，准予旁听的证件是否与旁听的案件和法庭相符。其次，核对证件内容，证件载有持证人身份的主要信息，观察和辨别持证人与证件内容是否吻合，如核对性别、年龄和相貌等特征。对有疑点的证件进行仔细询问，问其姓名、年龄、出生日期、生肖、单位和住址等，进一步加以核实。

三、证件查验中应当注意的问题

（一）证件查验时应始终注意持证人的反应

索要证件、核查证件、退还证件都要密切注视被检查对象。要看着对方要证、看证和送还证件，既是文明礼貌的要求，也是发现持证人情绪变化，寻找疑点的关键。

（二）证件查验时边查边问

查验证件时，视具体情况让持证人自述证件内容，边问边查。这样持假证的人自述的内容就有可能与证件登记项自相矛盾，从而暴露问题。

（三）证件查验时应注意安全防范

查验证件的过程中，始终要有安全防范意识。索要证件时要让被检查对象站在面前明亮处，要密切注视其双手持证的动作，发现异常，应立即阻止其动作，或者先检查身份，后检查证件。查验、核对证件时，也要密切注视持证人的情绪、动作变化，一有异常，应立即控制持证人，防止低头看证时被检查对象行凶。

（四）其他注意事项

证件查验时，还需做到以下几点：

1. 以礼相待。不论受检者是公开对抗还是沉默不语，检查人员都要保持冷静态度。语言要文明谦让，气势要占据主动，检查要有理有据、有度，既让受检者感受到无形压力，又不让其有机可乘或引起对抗，以免检查陷入被动。告知受检者即将依法对其进行安全检查，要求其配合，受检人员不配合的，应当向其说明不配合安全检查将要承担的相应后果。

2. 以法服人。即使安全检查中执勤警察有理有据，也不应盛气凌人，动辄训人或者不文明用语，更不能采用威胁的方法，否则容易使检查陷入僵局，处于被动状态。

3. 迅速决策。检查场所是法庭的出入口和法院的大门等公共场所，来往人员较多，检查工作很容易引起群众的围观，不宜长时间留置被检查人员，问话应重点突出，语言简短。对于危险性较大的检查对象，要注意把握与控制，避免被检查对象行凶伤人，造成不必要的伤亡。

第四节 人身安全检查

一、人身安全检查概述

（一）人身安全检查的含义

实施人身安全检查是司法警察执行职务中一项非常重要和极其严肃的工

作。人身安全检查是指司法警察依法对进入审判场所的受检者人身进行搜索、检查的行动过程。它是司法警察发现、识别、判定可能会实施扰乱法庭秩序的违法犯罪行为的嫌疑人的主要措施之一，是一种有目的、有计划地保障审判活动顺利进行的预防性活动。

（二）人身安全检查的范围

人身安全检查的范围较广，从安全工作的角度而言，凡是容易和可能危及审判场所安全的因素都应当进行检查。一般来说主要有以下几个方面：

1. 检查出入审判场所人员的证件，以确定被检查人员的身份。

2. 对出入审判场所人员的身体全部及其衣物的检查。检查部位主要包括：腋窝、胳膊、裆部、脊梁、胸部、双腿内侧、手腕、脚踝等。腰部衣服重叠之处、衣服口袋、皮带内侧、鞋里、帽边等处容易被忽略，尤其对于嫌疑重大的被检查人员更应注意。

二、人身安全检查的基本方法

（一）人身安全检查的基本步骤

1. 引导。引导被检查人员到指定位置，受检人员在接受人身安全检查前，应当将随身携带的可能影响检查效果的物品，包括金属物品、电子设备、外套等取下，放置于设在安全检查门边的工作台上。

2. 告知。当被检查人员走进安全检查专门通道，距执勤司法警察1.5~2米左右的地方时，执勤司法警察举手示意其停下，然后向其敬礼，告知："我是××法院司法警察，现依据《人民法院司法警察安全检查规则》的规定，对您进行检查，请予以配合，请出示您的有效证件。"

3. 安全检查。对通过安全检查门报警的被检查人员，执勤司法警察应当令其重新过门检查或采用人工安全检查的方法进行复检。人工检查采用手持金属探测器检查和手工检查相结合的方式进行。采用人工检查时，对女性受检人员的人身检查，应当由女性安全检查人员实施。对孕妇、安装心脏起搏器或者其他不宜采用设备检查的受检人员，应当采用手工检查方式进行检查。

4. 对检查有疑点的被检查人员进行询问。遇有可疑人员应当及时询问，核对有效证件，确认身份，视情况处理。为排除疑点或者安全检查人员认为有必要的，可以让受检人员解除腰带或者脱鞋接受检查，要求其重复通过安检设备接受检查。对检查有疑点的受检人员，应当在排除疑点后予以放行。

(二)人身安全检查的技术方法

1. 安全门检查法。引导员位于金属探测门一侧，当受检人员完成证件查验、登记进入安全检查通道时，引导员提示其取下随身携带的物品，并放置于指定的工作台上或者物品筐内；引导受检人员依次有序地通过金属探测门，合理控制过检速度，保证安全检查通道畅通。引导员发现受检人员衣着不整、着装不文明且拒不改正，或者精神状态异常的，应当阻止其通过金属探测门。受检人员通过金属探测门时发生报警的，人工检查员应当要求其再次通过或者使用手持金属探测器进行检查，排除疑点后，方可进入诉讼场所。检查完毕后，应当提示受检人员取走自己的物品。

2. 手持金属探测器检查法。使用手持探测器检查时，移动要平稳、匀速。检查顺序遵循从左到右、从上到下、从前到后的原则，采用仪器与手工结合，通过仪器报警和手的触摸，观察并排除疑点。

3. 徒手人身检查法。人身检查时，金属探测门和手持金属探测器无法正常使用的情况下采取手工进行安全检查，即采取用双手对受检人员身体触摸的方法由上到下、由里到外、由前到后进行细致的安全检查。检查时，手工检查员面向受检人员，先从受检人员的前衣领开始，至双肩、前胸、腰部止；再要求受检人员转身、双手平举，从头部开始，至后衣领、双臂外侧、内侧、腋下、背部、后腰部、裆部、双腿内侧、外侧、脚部止。冬季着装较多时，可以要求受检人员脱下外衣，并对外衣进行仔细检查。

人工检查员应手持金属探测器在前，徒手在后。手持金属探测器所到之处，人工检查员用手配合作触、压等动作，检查是否藏匿可疑物品，特别应检查是否携带陶瓷刀、牛骨刀等非金属刀具，注意手触压的力度要适当、均匀。

如果手持金属探测器报警，人工检查员应配合触摸报警部位，以判明报警物质性质，同时让受检者取出该物品进行检查；受检者将报警物品从身上取出后，人工检查员应对报警部位进行复检，确认无危险品后方可进行下一步检查。

检查时眼睛要始终盯着对方的一举一动，被检查人员若不听从命令，或稍有反抗即以武力制服；如果其危险性较大，要高度警惕，谨慎进行。特殊情况下，确有必要进行检查的，应在保障安全的前提下，采用"二对一"的检查方法。由两名警察对一个检查对象进行安全检查相对安全，效果也更好。其中，一名警察担任警戒，密切注视被检查对象，及时发现并控制其可能出现的任何反抗；另一名警察有条不紊地按要求进行检查，检查过程中仍要提高警惕，不可因有同伴而疏忽大意，如果被检查对象反抗，应立即呼叫负责警戒的司法警察并后撤、下蹲，另一名司法警察上前实施安全检查。呼叫负责警戒的司法警察，主要是为了提醒其加以注意，呼叫的声音在一定程度上可对反抗的被检查人员起到震慑作用；后撤、下蹲是自我保护的一种方式。在换另一名司法警察进行检查的情况下，某些情绪激动的反抗被检查人员会有所收敛，如果其继续反抗，则可以采取强制措施。对要求在非公开场所进行安全检查或者安全检查人员认为有必要的，可以在非公开场所进行安全检查，并由2名以上同性别人员实施。对于患有传染病的被告人实施安全检查时，司法警察以及被告人均应当戴防护口罩、防护手套等，司法警察可着隔离服或者采取其他防护措施。

三、人身安全检查的注意事项

（一）尊重人格和风俗

对进入审判场所人员的身体进行安全检查，严禁采取有辱人格、有伤风化的方式进行，注意尊重其宗教信仰和当地的风俗习惯。对妇女进行人身检查，要坚持"男不查女"的原则。

（二）注意安全防范

安全检查必须在检查对象已经被实际控制的情况下进行，如果不对检查对象进行有效的控制，检查对象就会有机会反抗、行凶，此时贸然检查是相当危险的。检查时要密切注视被检查对象的举动，若有反抗，立即采取措施。

（三）检查应当彻底

对人身检查必须认真、彻底。如果检查不认真、不彻底，被检查对象就有可能将武器、匕首、爆炸物等凶器或者危险品带入审判场所，威胁到法庭人员的安全。

对于人身检查切不可轻拍轻摸，潦草行事。女性的头发、内衣、内裤、卫生用品及首饰、化妆品等都有可能隐藏凶器或者危险品，也应认真检查；

同时，检查时尽量避免由男性警察检查和在公共场所检查。

（四）教育为主，强制为辅

检查时要冷静、沉着，在检查过程中，对不服从检查的受检者先要耐心说服教育，仍拒绝接受检查的，可以依法强制进行人身检查。检查时应特别耐心做好解释工作，消除其顾虑和不满情绪。

第五节 物品检查

一、物品检查的概念

物品检查是指对被检查对象所携带的物品以及在其身边发现的物品进行的安全检查。这些物品在没有经过检查确定其性质之前，都有可能是赃物、凶器、作案工具、危险物品和违禁物品等。因此，物品检查的目的就是认定被检查物品的性质。

二、物品检查的方法

人们外出大多用箱（包）携带物品，尤其是违法犯罪嫌疑人大多利用箱（包）来隐藏各种赃物或者凶器等物品，因此，物品检查主要是对箱（包）的检查，具体方法有：

（一）人与箱（包）分离，控制被检查对象的物品

对物品进行检查，首先要让被检查对象将箱（包）放在适当位置，然后令其离开一段距离，必要时，可令其转过身去背对检查的物品。

（二）物品检查的步骤

对于物品检查，要先观察外层，查看箱（包）外形是否有异常。如果条件允许，应配有安检仪器检查。告知受检人员取出随身携带的物品接受检查、将箱（包）放在安检仪器上，逐件通过安检仪器进行检查。使用安检仪器对箱（包）进行检查时，应当提示受检人员将箱（包）平放，确保能最大限度地观察清楚箱（包）内的物品。通过安检仪器的图像显示进行箱（包）内物品识别，图像模糊不清无法判断物品性质的，应当转换角度重新过包或者通过放大图像、加深颜色等方法加以判别。使用安检仪器图像对所有箱（包）

及随身物品进行安全检查，对图像显示有疑点的箱（包）的重点部位、件数，应通过改变箱（包）的摆放方位等方法继续使用安检仪器重新对其进行过机检查，经排查没有疑点的，可以放行。

安全检查人员对显示有可疑物品的箱（包）无法通过安检仪器排除疑点的，应当使用手工方式进行当面开箱（包）检查。应要求受检人员主动将可疑物品取出，受检人员不配合或者所取出的物品与安检仪器显示不一致的，手工检查员应当对安检仪器显示的可疑物品位置进行仔细检查。查验物品应按看、听、闻、摸、拆的顺序进行。看，就是看物品的形状、结构、包装、质地，看物品的外表是否有异常，包、袋是否有变动等；听，就是听物品是否有声响，有什么声响；闻，就是闻一下物品的气味，有无异味；摸，摸一下物品的形状、材料质地，直接用手的触觉来判断是否藏有可疑物品；掂一下物品的重量，判断与正常的物品是否相符，以确定是否作进一步检查。以上每一环节都要认真分析，做出判断。如果能够判定物品性质，就尽量不要拆开物品，以免破坏物品的性能，或者破坏物品上的痕迹。对可疑物品，经受检人员同意，可拆开包装或者外壳检查其内部有无藏匿可疑物品，受检人员不同意的，应要求其予以寄存，对于不能确定是否安全的物品一律不得带入。液体、胶状等物品予以寄存，不宜让其当场饮用。对疑似易燃易爆物品、危险化学品、放射性物品等能够危及人身安全和财产安全的物品，交由专业部门作进一步检查。

（三）轻开、慢拉，谨慎开启

开启箱（包）之前，仔细观察一下开启的方式，先轻轻挪动一下拉链、纽扣，看是否方法正确，以防将其损坏。同时要注意拉链、纽扣上是否另有机关，防止箱（包）内有爆炸装置。

（四）轻拿、轻放，顺序查验

对箱（包）类物品，要轻拿、轻放，防止弄脏或者损坏，涉及个人隐私物品应当注意妥善放置；对有连线、有声响、有气味的物品，更要谨慎拿取；拿取物品时要从上往下顺序进行，不要掏底取物，更不能将箱包内东西反复上下翻动；对赃物、凶器不要满把抓，尽可能用干净的布垫着或者戴手套轻取，或者拿一般人不常动的地方，防止破坏违法犯罪痕迹。

开箱（包）检查时，受检人员应当在场并确认箱（包）的归属。检查完毕后，提示受检人员取走自己随身携带的物品。

三、物品检查的要求

（一）明确物品检查的重点

实施物品检查是查获违法犯罪人员，获取罪证的重要手段。因此要有重点地对以下物品实施检查：帮人携带或者来历不明的物品；通报协查的物品；有可能是犯罪赃物或者证据的物品；携带与携带者职业、事由和季节等不相适应或者与用途、目的不符的物品；携带国家明令禁止的物品。

（二）注意控制与防范

检查物品的注意力往往集中在物品上，很容易忽视对被检查对象的控制。因此，要特别强调安全意识，要始终控制被检查对象。翻检物品时，要注意观察物品变化，不要硬拉、硬开，防止危险物品发生意外。对依法禁止带入，但需要在法庭上作为证据出示的物品，需做好登记，在征得案件承办人同意后方可带入。

（三）检查要仔细、彻底

检查物品一定要仔细，不要怕麻烦，能开则开，能拆则拆。开包检查时应注意箱（包）的底部、角部和外侧小兜，各夹层、内芯都要仔细观察。凡是被检查对象携带的物品，不论大小，一律查清，不要有遗漏。如果检查不细致、不彻底，不仅发现不了违法犯罪证据，放纵了违法犯罪，而且不能及时发现、收缴、处置凶器、危险物品，容易发生各种危险。

（四）文明实施检查

检查物品要轻拿、轻放，防止损坏或者弄脏。检查后要按原顺序将物品装好、放好，一般情况下不要破拆物品。对涉及宗教信仰和当地风俗的物品，检查时要注意尊重宗教信仰和当地风俗习惯。查验女性箱（包）时，尽量不要将所有物品统统取出亮开，特别是一些女性用品，注意保护隐私。

受检人员携带手机、录音、录像等设备的，应当告知其未经允许不得在庭审过程中拨打或者接听电话，不得对庭审活动进行录音、录像、拍照或者传播庭审活动，在申诉信访场所未经允许不得录音、录像、拍照等。

四、安全检查中发现违禁物品的处理

(一) 对限制物品的处置

告知受检人员其所携带的物品属于限制物品,不允许带入法院,可予以寄存。如其拒绝寄存,应当阻止其进入诉讼场所。对寄存的限制物品的物主的证件和限制物品的件数、型号要进行登记,经受检人员确认签字后,发给寄存号牌。限制物品暂时寄存于物品柜内,待庭审结束后,凭本人证件和号牌,在确认物品齐全、完好并签字后取回寄存物。对寄存物品应妥善保管,防止损坏或者遗失。对其他不得带入诉讼场所但是按照规定不允许寄存的物品,应当告知受检人员自行处置。

(二) 对管制物品、危险物质的处置

对受检人员携带管制器具、危险物质的,应当首先将人、物隔离,分别控制,再对受检人员进行安全检查和询问。对无合法手续携带的管制器具,应当立即控制人员和物品,保证人、物分离,开具暂扣清单,移交公安机关处理,对合法持有的,不予暂扣、不允许寄存,并阻止其进入诉讼场所。查出疑似爆炸物等危险物质时,第一时间保证人、物分离,将危险物质放置于防爆桶等防爆设施中,迅速控制受检人员,视其所携带物品的危险程度决定是否疏散人群、关闭安全检查通道、报请专业力量处置;经调查确实不会造成危险的,可以按限制物品寄存方法处理,如不能排除危险,不允许寄存,并阻止其进入诉讼场所。查出放射性、毒害性、腐蚀性、强气味性物质以及传染病病原体等危险物质的,应当放置到远离人群的安全距离并加强警戒,报请专业人员处置。

(三) 对禁止物品的处置

对不允许携带进入诉讼场所的物品,应当区分物品的性质,按照规定予以寄存或者暂扣。除经人民法院许可,下列物品不得携带进入诉讼场所:枪支、弹药、刀具以及其他具有杀伤力的器具;易燃易爆物、疑似爆炸物;放射性、毒害性、腐蚀性、强气味性物质以及传染病病原体;非急救类药品、液体及胶状、粉末状物品;标语、条幅、传单;其他可能危害诉讼场所安全或者妨害诉讼秩序的物品。

(四) 对其他物品的处置

其他能够造成人身伤害或者对法庭审判活动构成较大危害的物品,主要

包括：传染病病原体，如乙肝病毒、炭疽杆菌、结核杆菌、艾滋病病毒；强磁化物、有强烈刺激性气味或者容易引起人员恐慌情绪的物品；以及不能判明性质可能具有危险性的物品。对性质不明物品进行检查时，应当加强自身防护，对物品实施有效控制并对持有者进行询问核实。这些物品一经查出，应按照规定程序和方法处理。

第六节　场所安全检查

一、场所安全检查的含义

场所安全检查是司法警察部门进行的警务勤务行为，是确保安全的一个重要方面和措施。由字面可以理解，"场所"是检查的对象，"安全"是检查的目的。开展场所安全检查，掌握审判场所等设备设施的安全情况，发现隐患，堵塞漏洞，完善和健全各项安全制度，预防各种事故的发生，是司法警察部门的经常性的工作内容。一方面，场所安全检查有利于法院安全工作的严密，安全制度的健全，安全设施的完备；另一方面，因为工作人员责任心不强或者安全制度不健全、安全设备条件差而发生的治安事故也会危及警务对象的安全。因此，场所安全检查也是保卫警务对象安全的一项重要措施。

二、场所安全检查的范围

场所安全检查的范围较广，从安全工作角度而言，凡是可能危及人员与场所安全因素的都应当进行检查。一般来说，其主要包括以下几个方面：

（一）场所建筑物的安全检查

场所的各种建筑物安全情况的检查，通常要重点检查建筑物的承重部位和结合部位、建筑物的附属设备及隐蔽处等。

（二）场所设施设备的安全检查

场所各种设施设备性能和正常状态情况方面的安全检查，如束缚椅、囚笼等设施是否牢固，水、电设备，防火、防雷设施等是否保持正常状态。

（三）其他应当进行安检的事项

其他事项主要包括：对押解路线、审判场所、羁押场所、押解专用通道等进行实地勘察，完善各种安全措施，排除各种安全隐患；对羁押场所、被告人押解通道、进出法庭路线及周边环境进行检查；检查审判场所是否存在安全隐患，检查审判区和旁听区是否隔离；等等。

三、场所安全检查的实施

（一）场所安全检查的要求

场所安全检查一般用直观法，必要时结合仪器检查法、动物检查法进行，以相互验证。检查应依照顺序，无一遗漏地进行，绝不留死角。安全检查要实行责任制，即定人、定岗、定责。

（二）场所安全检查的形式

场所安全检查是一项具体细致的工作，涉及方面多、范围广，因而需要检查人员细心、有耐心，协同有关部门及人员共同努力，搞好场所安全检查工作。

场所安全检查工作通常主要采取经常性检查和临时性检查两种形式。所谓经常性检查，是指对某一场所或者某一方面的工作，司法警察应会同有关人员经常深入现场，了解和掌握安全方面的情况，发现问题及时研究解决，落实安全责任制。所谓临时性检查，是指司法警察在接受某一项警务任务后，及时对与任务有关的活动场所、行车路线等有重点地进行安全检查，排除不安全因素，确保任务的顺利执行。

（三）场所安全检查的基本步骤

1. 场所安全检查的方法和人员配备。检查的方法主要有顺序检查法、分片包干检查法和重点检查法。安检人员依照场所的大小合理配备。顺序检查法适用于地域小、情况不复杂的场地。分片包干检查法适用于地域广、情况复杂的目标，以及检查任务相对较多的情况。重点检查法适用于地域大，但目标集中、警力少的情况。如果活动场所多、行车路线长、涉及面广，没有能力对所有的点、面、线都进行检查的，只能选择违法行为人可能攻击的重要目标进行检查。

2. 场所安全检查的程序。

（1）确定目标。在安全检查之前，安检负责人员要详细查看活动场所及其环境，做到熟悉场所内部和外部的结构及其环境特点，预测违法行为人可能出现的地点及安全隐患相对较大的部位。

（2）制订计划。在活动场所的情况了解清楚之后，负责安全检查的人员要结合具体情况，制订详细的安全检查计划，其中包括划定司法警察部门的检查目标和范围。

（3）实施检查。计划一旦确定，就要严格按照场所安全检查要求，遵照计划规定的时间和方式组织司法警察实施。

（4）做好登记。这一环节主要是明确责任，登记材料本身也是资料，可以用于汇报和总结。登记的内容大致有检查人员、检查时间、检查对象、检查情况（包括发现的问题和查出的安全隐患或者危险物品等）。

3. 对场所安全检查问题的处理。场所安全检查要边查边改，只查不改或者有改但不彻底都达不到安全检查的目的。因此，对检查中发现的问题，有条件解决的，应当及时研究解决；暂时难以解决的，应采取必要的安全措施，组织专门人员研究限期解决；发现严重威胁安全的隐患，应采取有效措施，及时处置，排除危险。

 学习小结

安全检查是保障审判场所安全、保证审判活动顺利进行的重要预防措施。其对象主要包括：公诉人、律师等依法出庭履行职务的人员；参加庭审活动的诉讼参与人、第三人；参加旁听的人员。安全检查的内容主要涉及对进入审判场所人员身份的确定和对进入审判场所人员的人身和行李物品的检查，还包括对场所的安全检查等。

司法警察组织安全检查时，要强化执勤责任意识，严格执行安检规则，加强人力物力保障，提前制定防控预案。安全检查负责人员要督促落实安全检查方案，并组织实施；调配安全检查的警力；组织落实审判场所安全检查设备的检查及安全防范措施；处置安全检查中发生的突发情况；等等。

 实训练习

某年10月15日，某县法院某法庭，在开庭审理一起离婚案件时，发生了爆炸，造成了一死四伤。死者罗某的妻子高某一个多月前以"夫妻感情不和"为由向法庭起诉,请求法院判决她与罗某离婚。在开庭的前一天,罗某曾经找过高某,请求她不要与其离婚,但遭到了拒绝,于是罗某便放话威胁高某。不料在法庭上情绪激动的罗某竟然实施爆炸行为,企图与妻子同归于尽,结果自己被当场炸死,妻子高某和律师及两名法官受伤。

【思考问题】

请结合案例阐述人身及随行物品安全检查应如何进行,有哪些注意事项。

【思考练习】

1. 试述证件查验的内容和方法。
2. 试述对人身及物品安全检查的方法和步骤。
3. 简述进行场所安全检查应履行哪些程序。

【拓展阅读书目】

1. 唐长国、赵勇主编:《值庭与安检实务》,中国政法大学出版社2017年版。
2. 王继平、金川主编:《人民法院司法警察理论与实务研究》,浙江工商大学出版社2009年版。

第十章 安全检查中的一般情况处置

目标任务

通过本章学习，了解人民法院安全检查中可能出现的情况类型；熟练掌握不同情况的处置措施；树立良好的忠于法律、服从命令、听从指挥、严守纪律、尊重社会公序良俗、保障公民合法权益的职业精神。

知识技能

安全检查工作中不同情况的处置。

第一节 安全检查中一般情况的类型

司法警察执行安全检查勤务是一项非常严肃而又复杂的工作，涉及面广、影响大、政策性强，在实施过程中难免发生这样或那样的问题。因此，担任安全检查勤务的司法警察在执行过程中，必须坚持严格、细致、文明的原则，区分不同情况，严格按照有关法律、法规以及规范性文件进行处置，确保安全检查任务的顺利完成。由于事件发生的不特定性，在安全检查工作中可能会出现各种不同的情况。

一、依法不得进入审判场所但企图进入的情况

依法不得进入审判场所但企图进入的情况主要包括：①无证件，伪造、冒用他人证件的人企图进入审判场所的；②未获得人民法院批准的未成年人企图进入审判场所的；③醉酒的人、精神病人或者其他精神状态异常的人企图进入审判场所的；④拒绝接受安全检查或者不听从安全检查人员安排的人企图进入审判场所的；⑤衣着不整、着装不文明的人企图进入审判场所的；⑥其他可能危害法院安全或者妨害诉讼秩序的人企图进入审判场所的。

二、企图携带违禁品进入审判场所的情况

企图携带违禁品进入审判场所的情况主要包括：①携带枪支、弹药、刀具以及其他具有杀伤力的器具的；②携带易燃易爆物、疑似爆炸物等危险物品的；③携带放射性、毒害性、腐蚀性、强气味性物质以及传染病病原体的；④携带非急救类药品、液体及胶状、粉末状物品的；⑤未经法院允许携带标语、条幅、传单的；⑥携带其他可能危害诉讼场所安全或者妨害诉讼秩序的物品。

三、证件有瑕疵或持证人不相符的情况

证件有瑕疵或持证人不相符的情况主要包括：①超过有效期；②照片、姓名、年龄、性别等相关要素与持证人不符；③准予旁听的证件与旁听的案件和法庭不符。

四、其他可能有碍法院审判活动的情况

第二节 安全检查中一般情况的处置措施

安全检查是以预防为主的安全保卫措施，在安全检查中，一旦发现不符合规定的情况，必须根据情况类型严格区分处理。安全检查中一般情况的处置措施包括以下几种。[1]

一、对证件不符合规定的情况处置

对证件不符合规定的人员要求进入审判场所的，一般应采用以下处置措施：

1. 进行劝阻和说服教育，告知按照有关规定，证件不符不能进入审判

---

[1] 汪军："对法院安全检查中几种情况处置的探讨"，载 http://article.chinalawinfo.com/ArticleFullText.aspx?ArticleId=74118，访问时间：2021年4月22日。

场所。

2. 劝说过程中，应当使用文明、规范用语，不得对其进行训斥。

3. 经劝阻、制止无效的，可依法予以强行带离；情节较重的，可依法采取强制措施。

4. 在处置过程中，应当做好相关证据的固定工作。

二、对身份不符合规定的情况处置

1. 未经批准的未成年人要求进入审判场所的，首先进行劝阻和教育，告知有关规定，经劝阻仍不服从的，由有关部门联系其家属带走。

2. 精神病人和醉酒的人员要求进入审判场所的，应当迅速将其带离审判场所，交有关部门处理。

3. 被剥夺政治权利、正在监外服刑等正在接受刑事处罚的或者正被监视居住、取保候审的人员要求进入审判场所的，应及时阻止其进入审判场所，不听劝告的，可依法采取强制措施。

4. 安检时发现被通缉的犯罪嫌疑人的，应当立即将其控制，并移交公安机关处理。

5. 不许旁听、采访的非涉外案件，外国人（使、领馆人员及记者等）要求进入审判场所的，应当阻止其进入，并报告审判长或独任审判员。

6. 对拒绝接受安全检查或者不听从安全检查人员安排的受检人员，应当阻止其进入诉讼场所，对不听劝告者应当采取相应的强制手段。

三、对携带物品不符合规定的情况处置

1. 对携带有疑点物品的人员，首先要进行询问，检查完毕排除疑点后，应提示受检者取走自己的物品。

2. 对携带枪支、刀具等管制物品的，应予以收缴，并交由司法警察部门统一处理。

3. 对携带易燃易爆物品、强腐蚀性物品等危险物品及其他不得带入法庭的物品的，在确保没有危险的情况下，按限制物品寄存方式处理或按有关规定予以收缴。

4. 对携带不准带入的物品（如照相机、摄像机、录音机、易燃物品、大

件包裹等）的，告知携带者自行处理后，经过再次安全检查通过后，方可进入。

5. 携带液体物品进入安检区域的，首先指示受检人将该物品放置于工作台上，再由安检人员拿起（注意：不要直接从受检者手中接过）；其次，对液体物品应进行初步辨识，再做进一步处理。

四、对其他有碍法庭安全的情况处置

1. 受检者以语言形式对抗安全检查的。首先，执勤司法警察要心态冷静，不卑不亢地告诉对方，实施安全检查是法律赋予人民法院司法警察的权力，每个公民都应予以配合。同时，还应告知根据有关规定，如果受检者拒绝接受安全检查或不服从安全检查人员安排的，严禁其进入审判法庭，不听劝告者，可依法采取强制措施。

2. 受检人通过安全门，安全门发出报警的，安检人员应引导受检人到指定区域，用手持探测器做进一步检查，必要时，可以搜身。对女性受检者，应由女性工作人员进行检查。对拒绝检查者，禁止其进入审判法庭。

3. 受检人拒绝接受安全检查并企图强行冲越的，执勤司法警察应迅速拦住受检人的去路，喝令"站住、别动"，并告知受检人"公民应配合执勤法警执行公务，如不配合将面临严重后果"；受检人不听劝阻继续冲越的，执勤法警可利用警力优势，将其控制后带到安全地方进行审查。

【拓展学习】

男子携带刀具进入诉讼现场 海南东方法院及时查获收缴

学习小结

人民法院司法警察的一项重要职责就是保障法院审判工作的顺利进行。因此，安全检查要求司法警察要有高度的责任心、使命感，对进入审判场所的人和物要进行全面、细致的检查，不放过任何与违法犯罪有关的蛛丝马迹，要把可能发生的犯罪苗头及时扼杀，从而真正做到服务审判，提高人民法院的审判质量和审判效果。

 实训练习

被告人陈某，男，1965年10月6日出生于某市，汉族，小学文化，农民。因涉嫌故意伤害罪于某年11月4日被某市公安局取保候审。

某年5月10日凌晨3时许，被告人陈某和王某在某市明月酒楼前坐上出租车，要到离市区较远的五金市场，司机邓某拒绝，双方为此发生口角。被告人陈某下车将司机邓某拉下车，用拳猛击司机邓某面部、胸部。经该市公安局法医鉴定，邓某的人体损伤程度属重伤。本案涉及出租车司机受害问题，出租车司机作为一个利益群体，人数很多，社会媒体也极关注本案；加上受害人家属非常多，并且情绪不稳定，预计开庭旁听人员较多。为此法院要求司法警察做好旁听人员的安全检查工作。

【思考问题】

结合本案的情况，分析安检人员的处置措施。

【思考练习】

1. 司法警察在安全检查中可能会出现几种类型的情况？
2. 请列举安全检查一般情况的处置措施。

第十一章　值庭与安检警务训练

目标任务

了解值庭警务方案和安全检查警务方案的制定依据；理解并掌握值庭警务方案和安全检查警务方案的基本格式和基本要素；养成良好的执法程序合法、执法行为规范、执法纪律严明的职业素养。

知识技能

初步掌握如何制作值庭警务方案和安全检查警务方案以及如何进行值庭警务的综合演练和安全检查警务的综合演练。

第一节　值庭警务方案的制定和演练

一、值庭警务方案制定的重要性

司法警察值庭警务活动是指人民法院在审判过程中，司法警察为保障人民法院审判活动的顺利进行，维护法庭审判秩序，保证审判人员和其他诉讼参加人的安全而实施的司法活动。

根据《人民法院司法警察条例》第 3 条的规定：人民法院司法警察的任务是预防、制止和惩治妨碍审判活动的违法犯罪行为，维护审判秩序，保障审判工作顺利进行。该条例第 7 条规定：人民法院司法警察的职责是维护审判秩序；对进入审判区域的人员进行安全检查；刑事审判中押解、看管被告人或者罪犯，传带证人、鉴定人和传递证据；在生效法律文书的强制执行中，配合实施执行措施，必要时依法采取强制措施；执行死刑；协助机关安全和涉诉信访应急处置工作；执行拘传、拘留等强制措施；法律、法规规定的其他职责。

2019 年 3 月 1 日起施行的《人民法院司法警察刑事审判警务保障工作规则》第 36 条规定：司法警察部门应当根据庭审活动的时间、规模、类型、场地条件等情况，合理配备值庭警力。必要时制定专门的值庭方案。

由此可见，值庭警务活动是司法警察的一项重要职责，它关系到人民法院审判工作能否顺利进行，司法警察值庭警务方案的制定又是司法警察正确履行职责的重要基础。因此，制定值庭警务方案对指导司法警察值庭警务工作的顺利进行及其规范化建设具有重要的意义。

二、值庭警务方案的基本格式

值庭警务方案应当按照一定的格式正式行文，以便于在警务活动中有据可依，全面准确地完成警务工作。

值庭警务方案一般采用文字记述式拟制，方案的基本格式一般由标题、正文、落款和附件等部分组成。

（一）封面

警务方案的封面上方居中写拟制警务方案的法院名称，在名称下方写"值庭警务方案"，右上角写明秘密等级，下方居中写拟制单位，单位下方写拟制时间。

（二）标题

警务工作包括固定警务和临时警务，因此，标题有所差异。

1. 固定警务方案标题。一般使用"法院名称"＋"警务性质"＋"警务方案"的格式书写。如"××人民法院值庭警务方案"。

2. 临时警务方案标题。一般使用"警务名称"（或代号）＋"警务性质"＋"警务方案"的格式书写。如"××案件值庭警务方案"。

（三）正文

正文内容，按照警务方案规定的内容逐项拟写，文字要精练，用语要规范。

（四）落款

警务方案由拟制单位署名，在正文之后右下方签署单位名称，单位名称下方注明拟制时间。

（五）附件

附件的序号、名称应与正文末尾标注一致。附图应与正文订在一起。

三、值庭警务方案的基本内容

本部分主要从刑事案件审判活动的角度，依据保障审判活动顺利进行所涉及的司法警察职责范围，阐述作为一个较为完整的值庭警务方案应当包含的基本内容。对警务方案所应包含的基本内容的界定是否准确、全面，直接影响到方案的规范性、合理性和可操作性，进而会影响到司法警察工作任务的有效实现。

值庭警务方案的基本内容主要包括以下几个方面：

（一）案件的基本情况

了解和掌握值庭案件的基本情况，目的在于：指挥者以及值庭的司法警察应引起重视，提高警惕，防止麻痹大意的思想，保证值庭工作的顺利完成。在值庭方案中应当简明扼要地叙述值庭案件的基本情况：

1. 庭审的时间与地点、规模、类型、诉讼参与人的数量、场地条件等。
2. 被告人的人数、羁押场所。这是警力配备与部署的基础。
3. 被告人的思想动态、羁押中的表现、社会背景。这些情况会影响到庭审中被告人行凶、逃脱等事件的发生，以及是否存在劫囚的潜在因素等。
4. 旁听人员的数量。旁听人员是庭审过程中重点防范的人群之一，旁听人员的思想和举动有时难以控制，容易发生妨害审判活动顺利进行的情况。旁听人员的数量对正确安排和部署警力、加强安全检查工作和庭审安全工作起到非常重要的作用。
5. 新闻媒体参加程度。庭审过程中，新闻媒体参与的情况越来越普遍，特别是有重大影响或较为典型的案件更是如此。这就要求值庭司法警察把握尺度，既要维护新闻媒体的合法采访权，又要确保审判活动的正常进行。
6. 有无被告人同伙等闹事的迹象。这主要涉及已经得到消息被告同伙扬言要借庭审之机闹事的情况下，应在警务方案中加以注明，以便提醒值勤司法警察加强防范。

（二）值庭的组织指挥

值庭警务的总指挥一般由分管院长或司法警察部门领导统一负责，包括对法庭内值庭司法警察的组织指挥、法庭外值庭司法警察的组织指挥和若干值庭小组的组织指挥等。

（三）值庭警力的部署

《人民法院司法警察刑事审判警务保障工作规则》第7条规定：司法警察部门应当根据案件类型、被告人人数和审理方式等情况部署充足警力，必要时可以按照规定的权限和程序调动使用其他法院的警力。

（四）值庭中的情况处置

在方案中应当明确可能发生的一般情况，明确有关处置措施，因具体处置措施在有关章节已经作了介绍，此处不再赘述。

【拓展学习】

法警临危不乱妥善处置庭审突发状况

某县法院成功及时处置一起突发事件

（五）值庭勤务保障

值庭装备的保障是圆满完成值庭任务的物质条件，为了有序地做好警务活动，应当在方案中对相关的警务装备进行安排。例如，车辆保证，对讲机的配备，枪支、电警棍、手铐和防爆装备，等等。

（六）相关部门的协调配合

相关部门的协助配合主要是涉及处置庭审过程中的一般情况时，司法警察部门和其他警务部门的配合。一般包括法庭外围的警卫（可由派出所的干警协助巡逻），法庭外围机动车道的疏通（可由交警部门的干警负责道路疏通），法庭内一般情况，等等。

（七）值庭的特别规定

值庭警务特别规定主要包括着装、庭审中的值庭姿势、工作要求以及其他特殊规定。

（八）值庭警务部署示意图

警务示意图的作用和意义在于使值庭的司法警察和相关人员能够一目了然地明确自己的岗位和职责，是整个警务工作的缩影。

总之，作为以保证法院审判活动顺利进行为目的的值庭警务方案所应具备的基本内容应较为科学、合理、完整，当然，因司法实践活动的复杂性和情况的多变性，值庭警务方案的基本内容也可针对具体案情适时加以调整，以便更好地为庭审保障工作服务。

附示例：值庭警务方案基本格式

1. 封面

××人民法院
值庭警务方案
××人民法院司法警察支队
××××年×月

2. 内容格式

（1）标题

（2）内容

①案件的基本情况

②值庭的组织指挥

③值庭的警力部署

④突发事件预防处置措施

⑤勤务保障

⑥相关部门的协调

⑦值庭特别规定

⑧值庭警务部署示意图

（3）落款

附件：

1. ××人民法院值庭警务一览表（略）

2. 有关单位负责人及联系电话表（略）

四、值庭警务方案的演练

案情简介：××××年1月21日上午9时，某市中级人民法院准备开庭审理被告人马某某、李某某、冯某某、杨某某、高某某、曲某某、彭某某、郑某某、邓某某（女）、任某某（女）涉嫌故意杀人、贩卖毒品、非法持有枪支罪一案，庭审时间需7天。由于马某某为"黑帮分子"，社会关系复杂，危险性极大，为保障顺利开庭，某市中级人民法院司法警察支队接到任务后，专门召开会议对值庭任务进行了部署，做好庭审保障的准备工作。

下面就以上述案例为例进行值庭警务方案的组织和演练，对于有关知识要点已在相关章节中作了介绍的，本文不再赘述。现将主要演练步骤阐述如下：

（一）受领任务

司法警察部门根据案件承办部门的用警申请，明确执行值庭警务的任务，并指定值庭警务负责人。

（二）警务准备

1. 熟悉案情。

（1）了解案件情况。通过案件承办部门的用警申请、起诉书或一审判决书等材料，掌握庭审的时间、地点、被告人基本情况（姓名、性别、年龄、民族、案由、数量），社会影响，证人、鉴定人的数量，可能参加旁听的人员数量及其相关情况。

（2）场地勘察，确保部署。场地勘察有几种方式：①重大案件，接受任务的队领导在院领导带领下，会同有关庭、处、室协同进行。②队领导带领参加值庭的骨干人员进行。③值庭指定负责人带领小组人员进行。

2. 制定方案。根据值庭警务的要求，司法警察部门负责人或值庭警务负责人对值庭的任务进行分析，根据庭审时间、地点、规模、案情、被告人基本情况、场地条件、社会影响及旁听人员情况等因素，制定警务保障实施方案，合理安排警力，明确职责分工、装备配备等内容。

通常情况下，被告人人数较多、社会影响重大、案情比较复杂的案件应当制定书面的值庭警务方案。方案的内容应包括组织指挥、警力部署、突发事件预防处置措施、勤务保障等内容。

对于重大、疑难、社会影响较大的案件或媒体关注的案件，特别是事先预判旁听人员众多而旁听席位有限的，应通过发放旁听证等方式严格限制旁听人数，并严格审查旁听人员身份证件。

【拓展学习】

关于马某某等十名被告人故意杀人、贩卖毒品、非法持有枪支罪案件的值庭警务方案

3. 主动与有关部门人员联系。保障庭审任务顺利完成涉及方方面面，司法警察部门领导要在开庭前主动与有关部门人员联系，听取他们对值庭的要求，以确保圆满完成值庭任务。

4. 任务分配。司法警察值庭分为审判区和旁听区的值庭，以审判区为主。根据庭审的实际需要，安排相应的警力。一般案件的庭审应当安排2名以上司法警察值庭，其中审判活动区至少1名，旁听区至少1名；重大案件的庭审至少应安排5名司法警察值庭，其中审判活动区2名，旁听区3名以上。

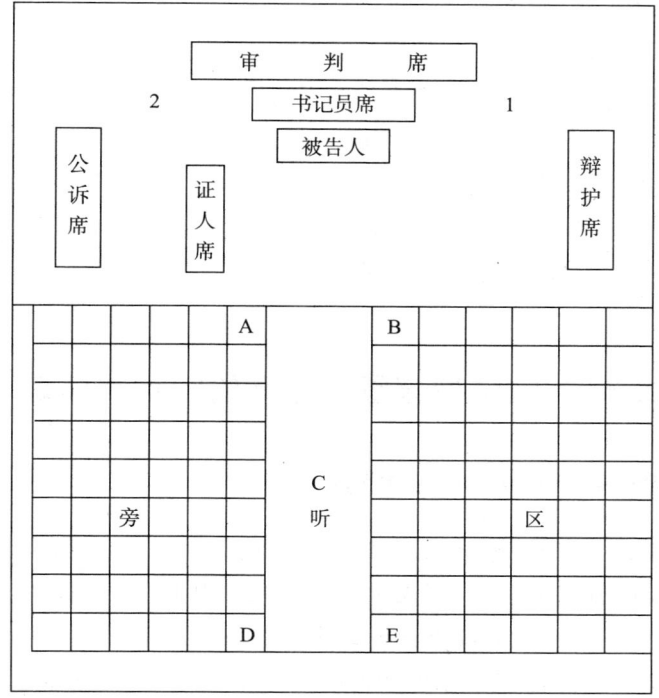

图 11-1 刑事案件审判法庭布置参考图

5. 进行动员，加强教育，提高应变能力。召集参加庭审任务的司法警察开会，进行思想动员，明确任务内容及目的、意义，确定部署，明确分工。进行必要的思想教育，使其提高警惕，增强责任心，树立使命感。对一些重大案件要设想可能出现的问题及处置方法，交代相关政策和规定，以提高司法警察处置各种情况的应变能力。

6. 做好必要的保障工作。根据需要，为担负任务的司法警察配备通信器材，确保指挥不间断，情况报告及时，要认真检查所需装备、设施是否齐全有效，检查诉讼参与人员的显示牌及其他有关设施，保持法庭的整洁和严肃性。

（三）组织演练

组织担负任务的司法警察认真学习有关规定、政策及警务方案，研究可能发生的问题及处置方法，进行与警务有关的技能训练和现场演练。演练的基本评判要求：

1. 值庭的位置、姿势、动作准确规范。
2. 传递、展示证据材料的位置、姿势、动作准确规范。
3. 传带证人、鉴定人、翻译人员出庭的位置、姿势、动作准确规范。
4. 值庭中的情况处置方法、措施得当。

（1）遇有旁听人员违反法庭规则、妨碍庭审活动的情况处置。

（2）遇有被告人自杀、自残、行凶、伤害、脱逃等的情况处置。

（3）遇有被告人突发疾病时的情况处置。

第二节　安全检查警务方案的制定和演练

一、安全检查警务方案制定的重要性

安全检查警务方案是进行安全检查工作的具体设想，是部署安全检查工作，采取安全措施的依据，其重要性主要表现在以下几个方面：

（一）方案制定是做好安全检查工作的基础

通过制定安全检查警务方案，能够比较准确、具体地熟悉和掌握警务场所的全面情况，密切与有关方面的联系，做到心中有数，便于主动开展工作。

（二）方案制定是完成安全检查任务的关键

通过制定安全检查警务方案，能够做到思想上有准备、工作上有依据，遇有临时任务或一般情况时，可以按照预先制定的警务方案的规定和要求，组织警卫力量，有条不紊地部署工作，做到措施严密、形式得当、保障安全。

（三）方案制定是明确安全检查职责的前提

通过制定安全检查警务方案，能够按照方案的有关规定，较好地组织协调各部门的工作，明确各自的职责范围，做到统一部署、统一指挥、各尽其责。

（四）方案制定是提升警队综合素质的措施

通过制定安全检查警务方案，能够培养锻炼司法警察的业务素质，提高其政策、业务水平，学会做好群众工作和调查研究工作。

二、安全检查警务方案的基本格式

安全检查警务方案一般采用文字记述式拟制，方案的基本格式一般由标题、正文、落款和附件等部分组成。

（一）封面

警务方案的封面，上方居中写拟制警务方案的法院名称，在名称下方写"安全检查警务方案"，右上角写明秘密等级，下方居中写拟制单位，单位下方写拟制时间。

（二）标题

警务工作包括固定警务和临时警务，因此，标题有所差异。

1. 固定警务方案标题。一般使用"法院名称"＋"警务性质"＋"警务方案"的格式书写。如"××人民法院安全检查警务方案"。

2. 临时警务方案标题。一般使用"警务名称"（或代号）＋"警务性质"＋"警务方案"的格式书写。如"××案件安全检查警务方案"。

（三）正文

正文内容，按照警务方案规定的内容逐项拟写，文字要精练，用语要规范。

（四）落款

警务方案由拟制单位署名，在正文之后右下方签署单位名称。拟制时间，位于署名下方。

（五）附件

附件的序号、名称应与正文末尾标注一致。附图应与正文订在一起。

三、安全检查警务方案的基本内容

人民法院的安全检查工作有常规的安全检查工作和针对特定案件的安全检查工作，从警务方案制定的角度来说，针对特定案件的安全检查警务方案可能比常规的安全检查警务方案要更加详细和具体，本文主要讨论针对特定案件的安全检查警务方案的制定。

安全检查警务方案的基本内容主要包括以下几个方面：

（一）案件的基本情况

在警务方案中应当简明扼要地叙述特定案件的基本情况：

1. 庭审的时间与地点、规模、类型、诉讼参与人的数量、场地条件以及新闻媒体到场情况等。

2. 旁听人员数量情况。旁听人员是安全检查的重要对象，了解旁听人员的数量情况对于正确部署警力、加强安全检查、防范一般情况的发生等方面都起着非常重要的作用。

3. 有无被告人同伙等闹事的迹象。若有消息称被告同伙扬言要到法院闹事，应在方案中加以注明，以便提醒司法警察加强防范。

（二）安全检查的组织指挥

安全检查的总指挥一般由分管院长或者司法警察部门领导统一负责，根据安全检查工作需要，下设一个或多个安全检查组，每个小组选任出组长和副组长。

（三）安全检查的警力部署

人民法院应当根据安全检查工作需要，配备一定数量的安全检查人员，其中至少配备1名女性安全检查人员。安全检查工作一般应当设置引导、证件查验、安检仪器操作、人工检查等基本工作岗位，有条件的人民法院还可以配备机动警力若干名。

（四）情况的处置措施

针对安全检查工作中经常出现的情况，制定详细的处置措施，并在警务方案中加以明确，提高司法警察的警惕性和处置的效率。在方案中应当明确可能发生的情况，明确有关处置措施，因具体处置措施在有关章节已经作了介绍，此处不再赘述。

（五）警务工作特别规定

警务工作特别规定主要包括着装、工作要求以及其他特殊规定。

（六）警务部署示意图

在条件允许的情况下可以绘制安全检查警务部署示意图，这样可以使值勤的岗位更加一目了然。

以上是一个相对来说较为完整的安全检查警务方案，当然，在司法实践中，可根据具体案件的具体情况适当加以调整，以便更好地为安全检查工作服务。

附示例：安全检查警务方案基本格式

1. 封面

××人民法院
安全检查警务方案
××人民法院司法警察支队
××××年×月

2. 内容格式

（1）标题

（2）内容

①案件的基本情况

②安全检查的组织指挥

③安全检查警力部署

④情况处置措施

⑤警务工作特别规定

⑥警务部署示意图

（3）落款

附件：

1. ××人民法院安全检查警务部署示意图（略）
2. 有关单位负责人及联系电话表（略）

四、安全检查警务方案的演练

案情简介：××市人民检察院《起诉书》称：以陈某某为首的6名被告人，自某年4月至某年10月近3年的时间内，以××××投资有限公司、××××投资基金管理有限公司的名义，虚构债权转让、成立合伙企业吸收有限合伙人等，通过在超市发放宣传材料、召开客户推介会等途径向社会公开宣传，承诺在一定期限内以货币的方式给付高额回报，非法吸收240余人资金共计人民币7700余万元。陈某某等人被控集资诈骗罪。

陈某某等人的诈骗活动社会影响面较大，受骗人数众多，很多家庭被骗得倾家荡产，该案参与旁听的新闻媒体和旁听群众较多，受害人及其家属情绪非常激动。

××市中级人民法院刑事审判庭决定，于××××年7月18日上午九点半开庭审理本案，庭审时间需4天。

下面就以上述案例为例进行安全检查警务方案的组织和演练。对于有关知识要点已在相关章节中作了介绍的，此处不再赘述。

（一）警务准备

1. 熟悉基本案情。通过与审判部门的沟通，掌握庭审的时间、地点、案情概况，社会影响，证人、鉴定人的数量，可能参加旁听的人员数量及其相关情况。

2. 制定警务方案。根据安全检查警务的工作要求，司法警察部门负责人对安全检查的任务进行分析，安排相应的警力和分配任务，明确司法警察的基本要求。

【拓展学习】

关于陈某某等六名被告人集资诈骗罪案件的安全检查警务方案

3. 警力部署与职责。确定引导员、登记员、X光检测仪操作员、人工检查员、存包员的分工和职责。

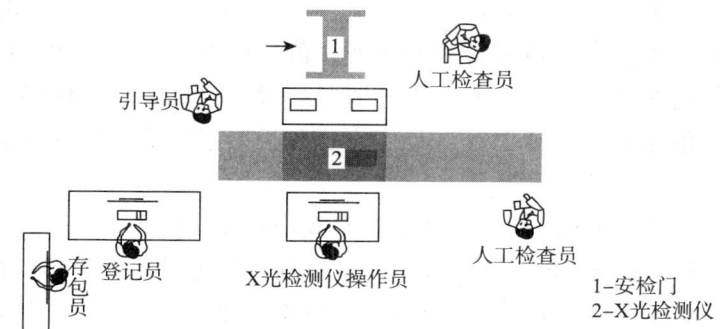

图 11－2　安全检查人员基本分工参考示意图

4. 设施设备的检查。司法警察应提前开启安全检查的设施设备，检查其性能是否完好；准备好安全检查登记簿，便于安全检查时记录情况，使安全检查工作有据可查；有条件的人民法院可以配置访客系统进行识别、登记。

5. 开会动员，加强教育。召集参加安全检查工作的司法警察开会，进行思想动员，明确任务内容和工作要求，加强责任心，提高警惕性和应变能力。

（二）组织演练

组织演练的基本评判要求：

1. 安全检查的基本流程准确规范。

2. 人身检查的动作要领准确规范。

3. 箱（包）检查的动作要领准确规范。

4. 安全检查注意事项实施到位。

5. 安全检查中的情况处置方法、措施得当。

（1）遇有携带录音、录像、摄影、通信器材等限制物品的情况处置。

（2）遇有携带枪支、刀具及易爆、易燃、强腐蚀性等管制、危险物品的情况处置。

（3）遇有不服从安全检查的情况处置。

 学习小结

值庭警务方案的制定与实施是有效处置庭审过程中突发事件的重要保障，是司法警察正确履行职责的重要基础。其基本格式包括封面、标题、正文、落款、附件等几个部分。其基本构成要素主要包括案件的基本情况、值庭的基本任务、值庭警力的部署、值庭的组织指挥、相关部门的协调配合、值庭联络的方式、值庭中的情况处置、值庭装备的保障、值庭的特别规定、值庭部署示意图等，具体内容可根据案件的具体情况适当加以取舍。

安全检查警务方案的制定与实施是有效进行安全检查的重要基础，为依法防止未经允许的管制器具、危险物质、限制物品等进入诉讼场所提供重要保障，保障参加诉讼活动人员人身安全和诉讼工作的顺利进行。其基本格式包括封面、标题、正文、落款、附件等几个部分。其基本构成要素主要包括案件的基本情况、安全检查的任务、安全检查司法警察的职责、安全检查的警力部署、安全检查的组织指挥、相关部门的协调配合、警务联络方式、情况的处置措施、警务工作特别规定、警务勤务部署示意图等，具体内容可根据案件的具体情况适当加以取舍。

实训练习

案例一

××市人民检察院《起诉书》称：以刘某某为首的5名被告人，自××××年2月至××××年11月2年间先后在××市5个区县等地针对老年人连续实施诈骗犯罪，分别以诈骗罪被提起公诉。这5名被告分别是刘某某、王某某、黄某某（女）、杨某某、李某某。

××市中级人民法院刑事审判二庭决定，于××××年7月27日上午9时开庭审理本案，庭审时间需2天。

该案造成很多老人的家庭家破人亡，社会影响力较大，旁听人员较多，××市中级人民法院司法警察支队接到任务后专门召开会议部署该案的值庭工作。

【思考问题】

根据以上案情，拟定一份值庭警务综合勤务方案。要求：方案具体、明确，可操作性强。

案例二

××市人民检察院《起诉书》称：被告人李某某于××××年7月18日

与同在一个农贸市场做生意的熊某某发生口角，熊某某的妻子刘某某见状上前辱骂李某某，二人发生肢体摩擦并迅速扭打在一起。因李某某和熊某某有多年的积怨，加之看到妻子被打，恼羞成怒，拿起一把单刃尖刀冲过来，朝着李某某左侧胸部连刺两刀，李某某被送到医院，经抢救无效死亡。经法医鉴定：李某某系右心室被刺伤导致心功能衰竭死亡。

××市中级人民法院刑事审判庭决定，于××××年2月9日上午9时开庭审理此案，庭审需2天。

李某某系当地大姓人家，家族势力较大，曾扬言要替李某某报仇雪恨。该案在该地区影响面较大，受害者家属情绪非常激动。

【思考问题】

根据以上案情，拟定一份安全检查警务综合勤务方案。要求：方案具体、明确，可操作性强。

【思考练习】

1. 简述值庭警务方案的基本内容。
2. 简述安全检查警务方案的基本内容。
3. 根据本章实训练习案例一，制定值庭警务方案。
4. 根据本章实训练习案例二，制定安全检查警务方案。

附 录

1.《最高人民法院关于人民法院司法警察依法履行职权的规定》

最高人民法院
关于人民法院司法警察依法履行职权的规定
(2020年6月22日最高人民法院审判委员会
第1805次会议通过,自2021年1月1日起施行)
法释〔2020〕4号

为了保证人民法院司法警察依法履行职权,保障人民法院审判执行工作安全,维护诉讼参与人合法权益,根据《中华人民共和国人民法院组织法》《中华人民共和国人民警察法》《中华人民共和国刑事诉讼法》《中华人民共和国民事诉讼法》《中华人民共和国行政诉讼法》等法律规定,结合人民法院审判执行工作实际,制定本规定。

第一条 人民法院司法警察的职责:
(一)维护审判执行秩序,预防、制止、处置妨害审判执行秩序的行为;
(二)在刑事审判中,押解、看管被告人或者罪犯,传带证人、鉴定人、有专门知识的人或者其他诉讼参与人,传递、展示证据,执行强制证人出庭令;
(三)在民事、行政审判中,押解、看管被羁押或者正在服刑的当事人;
(四)在强制执行中,配合实施被执行人身份、财产、处所的调查、搜查、查封、冻结、扣押、划拨、强制迁出等执行措施;
(五)执行死刑;
(六)执行扣押物品、责令退出法庭、强行带出法庭、拘传、罚款、拘留等强制措施;

（七）查验进入审判区域人员的身份证件，对其人身及携带物品进行安全检查；

（八）协助人民法院机关安全和涉诉信访应急处置工作；

（九）保护正在履行审判执行职务的司法工作人员人身安全；

（十）法律、法规规定的其他职责。

第二条 对违反法庭纪律的行为人，人民法院司法警察应当依照审判长或者独任法官的指令，予以劝阻、制止、控制，执行扣押物品、责令退出法庭、强行带出法庭、罚款、拘留等强制措施。

出现危及法庭内人员人身安全，严重扰乱法庭秩序，被告人、罪犯、被羁押或者正在服刑的当事人自杀、自伤、脱逃等紧急情况时，人民法院司法警察可以直接采取必要的处置措施。

第三条 对以暴力、威胁或者其他方法阻碍司法工作人员执行职务和在人民法院内侮辱、殴打或者打击报复司法工作人员的行为人，人民法院司法警察可以采取制止、控制、带离等强制手段，根据需要进行询问，提取、固定、保存相关证据，依法提请人民法院处以罚款、拘留等强制措施。

对由公安机关管辖的违法犯罪案件，人民法院司法警察可以根据需要协助公安机关进行先期询问，提取、固定、保存相关证据，及时移送公安机关。

第四条 对强行进入审判区域的行为人，人民法院司法警察可以采取制止、控制、带离等强制手段，根据需要进行询问，提取、固定、保存相关证据，依法提请人民法院处以罚款、拘留等强制措施。

对由公安机关管辖的违法犯罪案件，及时移送公安机关。

第五条 人民法院司法警察协助相关部门开展机关安全和涉诉信访应急处置工作时，对扰乱人民法院工作秩序、危害他人人身安全以及人民法院财产安全的行为人，可以采取制止、控制等处置措施，保存相关证据，对涉嫌违法犯罪的，及时移送公安机关。

第六条 人民法院司法警察在执行职务过程中，遇当事人或者其他人员实施自杀、自伤等行为时，应当采取措施予以制止、协助救治，对无法制止或有其他暴力行为的，可以采取保护性约束措施，并视情节移送公安机关。

第七条 本规定自2021年1月1日起施行；最高人民法院此前发布的文件与本规定不一致的，以本规定为准。

2.《人民法院司法警察条例》

人民法院司法警察条例
法发〔2012〕23号

各省、自治区、直辖市高级人民法院,新疆维吾尔自治区高级人民法院生产建设兵团分院:

《人民法院司法警察条例》已经最高人民法院审判委员会讨论通过。现予颁布,自2012年12月1日起施行。

最高人民法院
2012年10月29日

第一章 总则

第一条 为加强人民法院司法警察队伍建设和科学管理,保障司法警察依法行使职权,根据《中华人民共和国公务员法》、《中华人民共和国人民法院组织法》、《中华人民共和国人民警察法》等法律,制定本条例。

第二条 人民法院司法警察是中华人民共和国人民警察的警种之一。

第三条 人民法院司法警察的任务是预防、制止和惩治妨碍审判活动的违法犯罪行为,维护审判秩序,保障审判工作顺利进行。

第四条 最高人民法院领导地方各级人民法院和专门法院司法警察工作,上级人民法院领导下级人民法院司法警察工作。

第五条 人民法院司法警察必须以宪法和法律为活动准则,全心全意为人民服务,忠于职守,清正廉洁,服从命令,严格执法。

第六条 人民法院司法警察依法执行职务,受法律保护。

第二章 职权

第七条 人民法院司法警察的职责:
(一)维护审判秩序;

（二）对进入审判区域的人员进行安全检查；

（三）刑事审判中押解、看管被告人或者罪犯，传带证人、鉴定人和传递证据；

（四）在生效法律文书的强制执行中，配合实施执行措施，必要时依法采取强制措施；

（五）执行死刑；

（六）协助机关安全和涉诉信访应急处置工作；

（七）执行拘传、拘留等强制措施；

（八）法律、法规规定的其他职责。

第八条 在法庭审判过程中，人民法院司法警察应当按照审判长或者独任审判员的指令，对违反法庭规则，哄闹、冲击法庭，侮辱、诽谤、威胁、殴打司法工作人员、诉讼参与人或者其他人员等扰乱法庭秩序的，依法予以强行带离，执行罚款或者拘留。

出现危及法庭内人员人身安全、被告人或者罪犯脱逃等紧急情况时，人民法院司法警察应当先行采取必要措施。

第九条 对以暴力、威胁或者其他方法阻碍司法工作人员执行职务的，人民法院司法警察应当及时予以控制，根据需要进行询问、提取或者固定相关证据，依法执行罚款、拘留等强制措施。

第十条 对不宜进入审判区域而强行进入的，人民法院司法警察应当依法强行带离；对涉嫌违法犯罪的，人民法院司法警察应当予以控制，并视情节及时移送公安机关。

第十一条 在生效法律文书的强制执行中，人民法院司法警察可以依法配合实施搜查、查封、扣押、强制迁出等执行行为。

第十二条 人民法院司法警察在履行职责过程中，遇当事人或者其他人员实施自杀、自伤等行为时，应当及时采取措施予以制止和协助救治，必要时应当对其采取约束性保护措施，并视情节移送公安机关。

第十三条 对严重扰乱人民法院工作秩序、危害人民法院工作人员人身安全及法院机关财产安全的，人民法院司法警察应当采取训诫、制止、控制等处置措施，保存相关证据，对涉嫌违法犯罪的，及时移送公安机关。

第十四条 遇有脱逃、拦劫囚车、抢夺枪支或者其他暴力行为的紧急情况，人民法院司法警察可以依照国家有关规定使用警械；使用警械不能制止或者不使用武器制止可能发生严重后果的，可以依照国家有关规定使用武器。

第三章 组织管理

第十五条 人民法院司法警察依法实行警衔制度。人民法院授予警衔的人员应当使用国家专项编制，具有司法警察职务，并履行司法警察职责。

第十六条 人民法院司法警察的编制、建制，由最高人民法院规定。

第十七条 人民法院司法警察实行编队管理。最高人民法院设立司法警察局，高级人民法院设立司法警察总队，中级人民法院设立司法警察支队，基层人民法院设立司法警察大队。

第十八条 人民法院司法警察接受所在人民法院院长和上级人民法院司法警察部门的领导，接受所在人民法院司法警察部门的管理。

第十九条 各级人民法院司法警察部门管理本级司法警察工作的主要职责：

（一）组织落实司法警察的条例、条令及其他相关文件；

（二）制定实施司法警察工作的规章制度和细则；

（三）组织司法警察履行职责；

（四）组织司法警察教育训练工作；

（五）协助管理司法警察警衔；

（六）管理司法警察装备；

（七）完成院长交办的其他任务。

第二十条 上级人民法院司法警察部门管理下级人民法院司法警察工作的主要职责：

（一）研究、制定司法警察工作的规划和规章制度；

（二）指导、监督、考评司法警察工作；

（三）制定司法警察教育训练计划；

（四）承担司法警察部门主要负责人的任免职备案工作；

（五）管理司法警察警衔；

（六）协调跨地区的重大警务活动；

（七）承担其他需要管理的事项。

第二十一条 人民法院录用的司法警察,应当符合国家规定的条件。

人民法院录用司法警察,应当按照国家规定,公开考试,严格考核,择优选用。

新录用的司法警察试用期为一年,试用期满经考核合格的,正式任职并评定、授予相应警衔;不合格的,取消录用资格。

第二十二条 调任、转任到人民法院担任司法警察职务的,应当符合担任人民法院司法警察的条件和拟任职位所要求的资格条件。

第二十三条 人民法院对司法警察的调配,应当征求本院司法警察部门的意见;司法警察部门主要负责人的任免,应当报上级人民法院司法警察部门备案。

第二十四条 人民法院司法警察应当经过司法警察专业培训,考试考核合格方可任职或者晋升职务、授予或者晋升警衔。

第二十五条 人民法院司法警察实行警察职务序列,分为警官职务序列、警员职务序列和警务技术职务序列。

第二十六条 人民法院司法警察应当按照规定着装,佩带警用标志,保持警容严整,举止端庄。

人民法院司法警察在执行职务时,应当携带人民警察证。

第二十七条 人民法院司法警察的奖惩按照国家相关法律和有关规定及最高人民法院的有关规定办理。

第四章 警务保障

第二十八条 人民法院司法警察必须执行上级的决定和命令。

人民法院司法警察认为决定和命令有错误的,可以按照规定提出意见,但不得中止或者改变决定和命令的执行;提出的意见不被采纳时,必须服从决定和命令;执行决定和命令的后果由作出决定和命令的上级负责。

人民法院司法警察对超越法律、法规规定的人民法院司法警察职责范围的指令,有权拒绝执行,并同时向上级机关报告。

对审判长、独任审判员指令的执行,依照前款规定。

第二十九条 人民法院司法警察的警用标志、制式服装、武器和警械,由公安部统一监制,最高人民法院会同公安部管理,其他个人和组织不得非法制造、贩卖。

人民法院司法警察的警用标志、制式服装、武器、警械、人民警察证为司法警察专用，其他个人和组织不得持有和使用。

第三十条 人民法院司法警察工作和训练所需经费应当得到保证，并列入人民法院财务预算。

第三十一条 人民法院应当加强司法警察装备现代化建设，有计划地改善司法警察工作必须的指挥、通信、武器、警械、防护、交通、救援等装备设施。

第三十二条 人民法院司法警察实行国家公务员工资制度，并享受国家规定的警衔津贴和其他津贴、补贴、抚恤以及社会保险等福利待遇。

第五章 附则

第三十三条 本条例由最高人民法院负责解释。

第三十四条 本条例自2012年12月1日起施行。1997年5月4日公布的《人民法院司法警察暂行条例》同时废止。

3.《人民法院司法警察暂行条例》

最高人民法院关于印发《人民法院司法警察暂行条例》的通知

法发〔1997〕11号

各省、自治区、直辖市高级人民法院：

《人民法院司法警察暂行条例》已于1997年4月26日经最高人民法院审判委员会第八百九十八次会议讨论通过。现予印发施行。

中华人民共和国最高人民法院
一九九七年五月四日

第一章 总则

第一条 为了加强人民法院司法警察队伍建设，实现对司法警察的科学管理，提高司法警察的素质，保障司法警察依法行使职权，根据《中华人民共和国人民法院组织法》和《中华人民共和国人民警察法》，制定本条例。

第二条 人民法院司法警察是中华人民共和国人民警察的警种之一。

第三条 人民法院司法警察的任务是通过行使职权，预防、制止和惩治妨碍审判活动的违法犯罪行为，维护审判秩序，保障审判工作的顺利进行。

第四条 最高人民法院领导地方各级人民法院和专门人民法院司法警察工作，上级人民法院领导下级人民法院司法警察工作。

第五条 人民法院司法警察必须以宪法和法律为活动准则，全心全意为人民服务，忠于职守，清正廉洁，服从命令，严格执法。

第六条 人民法院司法警察依法执行职务，受法律保护。

第二章 职权

第七条 人民法院司法警察的职责：

（一）警卫法庭，维护审判秩序；

（二）值庭时负责传带证人、鉴定人，传递证据材料；

（三）送达法律文书；

（四）执行传唤、拘传、拘留；

（五）提解、押送、看管被告人或者罪犯；

（六）参与对判决、裁定的财产查封、扣押、冻结或没收活动；

（七）执行死刑；

（八）法律、法规规定的其他职责。

第八条 人民法院司法警察在法官的指令下履行职责。

第九条 人民法院司法警察在履行职责时，可以依法采取强制手段；根据需要可以依照国家有关规定使用警械；使用警械不能制止或者不使用武器制止可能发生严重危害后果的，可以依照国家有关规定使用武器。

第十条 为保障审判场所的安全，人民法院司法警察对进入审判场所的非依法履行职务人员，可以进行安全检查；对不宜进入审判场所或者有违法犯罪嫌疑的人员，应当依法采取措施。

第十一条 为维护法院秩序，人民法院司法警察应当遵照审判长或独任审判员的指令，对违反法庭规则的人员采取强制措施。

第三章 组织管理

第十二条 人民法院司法警察的编制、建制，由最高人民法院规定。

第十三条 人民法院司法警察实行编队管理。最高人民法院设立司法警察局，高级人民法院设立司法警察总队，中级人民法院设立司法警察支队，基层人民法院设立司法警察大队。

第十四条 人民法院司法警察受所在人民法院院长的领导，接受所在人民法院和上级人民法院司法警察部门的管理。

第十五条 最高人民法院司法警察局的主要职责：

（一）研究、起草有关司法警察工作的条例、规定和办法；

（二）研究、制定司法警察队伍建设的规划和措施；

（三）指导、监督地方各级人民法院司法警察的业务工作；

（四）检查、监督司法警察执行法律、法规的情况；

（五）指导地方各级人民法院的警衔报批工作；

（六）管理警督以上司法警察的警衔；

（七）组织司法警察的教育培训；

（八）协调跨省、自治区、直辖市的重大警务活动；

（九）管理司法警察的装备；

（十）完成院长交办的其他任务。

第十六条 高级人民法院司法警察总队的主要职责：

（一）组织落实司法警察工作的条例、规定、办法；

（二）研究、起草并组织实施司法警察管理的规章制度和细则；

（三）指导、监督下级人民法院司法警察的业务工作；

（四）检查、监督司法警察执行法律、法规的情况；

（五）管理警司以下司法警察的警衔；

（六）组织司法警察的教育培训；

（七）协调辖区内跨地区的重大警务活动；

（八）管理司法警察的装备；

（九）完成院长交办的其他任务。

第十七条 中级人民法院司法警察支队的主要职责：
（一）组织落实司法警察工作的条例、规定、办法；
（二）组织落实司法警察管理的规章制度和细则；
（三）制定、实施司法警察工作计划；
（四）组织司法警察履行职责；
（五）指挥辖区内的警务工作；
（六）组织司法警察的教育培训；
（七）管理司法警察的装备；
（八）完成院长交办的其他任务。

第十八条 基层人民法院司法警察大队的主要职责：
（一）组织落实司法警察工作的条例、规定、办法；
（二）组织落实司法警察管理的规章制度和细则；
（三）制定、实施司法警察的工作计划；
（四）组织司法警察履行职责；
（五）组织司法警察的教育培训；
（六）管理司法警察的装备；
（七）完成院长交办的其他任务。

第十九条 担任人民法院司法警察必须具备下列条件：
（一）年满十八岁的公民；
（二）拥护中华人民共和国宪法；
（三）有良好的政治、业务素质和良好的品行；
（四）身体健康；
（五）具有高中毕业以上文化程度；
（六）自愿从事司法警察工作。

有下列情形之一的，不得担任司法警察：
（一）曾受过刑事处罚的；
（二）曾被开除公职的；
（三）曾被国家机关辞退的。

第二十条 人民法院录用司法警察，必须按照国家规定，公开考试，严

值庭与安检实务

格考核,择优选用。

新录用的司法警察试用期为一年,试用期满经考核合格的,正式任职并评定、授予相应警衔;不合格的,取消录用资格。

第二十一条 人民法院司法警察的职级分类参照《国家公务员暂行条例》的有关规定执行。

人民法院司法警察依法实行警衔制度。

第二十二条 人民法院对司法警察的调配,应当征求本院司法警察部门的意见;司法警察部门主要负责人的任免,应当报上级人民法院司法警察部门备案。

第二十三条 根据人民法院司法警察的性质、任务和特点,从其他部门调任不同职务司法警察的最高年龄:办事员、科员级不超过二十五周岁,科级不超过三十五周岁,副处级不超过四十五周岁。

第二十四条 人民法院司法警察必须按照规定着装,佩带警衔标志、臂章、警号,保持警容严整,举止端庄。

人民法院司法警察在执行职务时,必须携带警官证。

第二十五条 人民法院司法警察的奖惩按照《中华人民共和国人民警察法》和最高人民法院的有关规定办理。

第四章 警务保障

第二十六条 人民法院司法警察的警用标志、制式服装和警械,由公安部统一监制,最高人民法院会同公安部管理,其他个人和组织不得非法制造、贩卖。

人民法院司法警察的警衔标志、臂章、警号、警官证、制式服装、警械为司法警察专用,其他个人和组织不得持有和使用。

第二十七条 人民法院司法警察工作和训练所需经费应当得到保证,并列入本院财务预算。

第二十八条 人民法院应当加强司法警察装备现代化建设,有计划地改善司法警察工作必需的交通、通讯等装备设施。

第二十九条 人民法院司法警察实行国家公务员工资制度,并享受国家规定的警衔津贴和其他津贴、补贴以及保险福利待遇。

第五章　附则

第三十条　本条例由最高人民法院负责解释。

第三十一条　本条例自公布之日起施行。

4.《人民法院司法警察刑事审判警务保障工作规则》

最高人民法院

关于印发《人民法院司法警察刑事审判警务保障工作规则》的通知

法发〔2019〕4号

各省、自治区、直辖市高级人民法院，新疆维吾尔自治区高级人民法院生产建设兵团分院：

现将《人民法院司法警察刑事审判警务保障工作规则》印发给你们，请遵照执行。

最高人民法院

2019年1月24日

人民法院司法警察刑事审判警务保障工作规则

第一章　总则

第一条　为了规范人民法院司法警察刑事审判警务保障工作，保障刑事审判活动安全有序进行，根据《中华人民共和国刑事诉讼法》《中华人民共和国人民警察法》《中华人民共和国人民法院法庭规则》《人民法院司法警察条例》等法律、法规以及相关规范性文件，制定本规则。

第二条　刑事审判警务保障工作（以下简称警务保障）是司法警察在刑

事审判中，依法实施的押解、看管、值庭等职务行为。

第三条 警务保障应当遵循确保安全、依法依规、分工负责、稳妥处置、规范文明的原则。

第四条 各级人民法院院长、分管司法警务和刑事审判工作的院领导应当加强对警务保障的组织领导。审判、办公室、行政装备等部门应当会同司法警察部门做好警务保障工作，对其职责范围内的协调配合、安全防范等工作负责。

第五条 上下级法院司法警察部门之间应当建立警情通报（报告）机制，及时沟通共享相关案件信息和警务保障情况。

第六条 刑事审判部门应当按照规定时限将用警申请、提押票、起诉书副本等材料送交司法警察部门，并告知风险评估情况和相关注意事项。

刑事审判、司法警察部门应当在庭审前，加强对审判安全风险和隐患的分析研判、沟通协调。

第七条 司法警察部门应当根据案件类型、被告人人数和审理方式等情况部署充足警力，必要时可以按照规定的权限和程序调动使用其他法院的警力。

第八条 司法警察应当根据《中华人民共和国人民警察使用警械和武器条例》《人民法院司法警察佩带使用枪支办法》《人民法院司法警察不同执勤岗位警用装备配备标准》等规定和案件的风险评估情况佩带使用警械、武器和其他警用装备。

第九条 对于被告人人数较多或者重大案件的警务保障，司法警察部门应当制定实施方案。

实施方案应当包含组织指挥、警力部署、突发事件预防处置措施、勤务保障等内容。

第十条 司法警察执行警务保障任务时，应当按规定着装，佩带人民警察标志，携带人民警察证等有效证件，保持警容严整，举止端庄，自觉维护良好的执法形象。

第十一条 人民法院应当建设完善、配齐配足符合安全标准的警务保障设施、装备，提高信息化、智能化建设水平。

人民法院应当加强警务保障的全过程监控，注意保存音视频资料。

第十二条 司法警察发现被告人有传递信息、串供、携带可疑物品等行为或者发生脱逃、行凶、自杀、自伤和其他危险行为的，应当果断先予处置，并及时向司法警察部门负责人、审判长或者独任审判员请示报告，根据命令或者指令采取进一步措施。

被告人有检举、揭发的要求时，司法警察应当立即报告审判长或者独任审判员，并及时报告司法警察部门负责人，及时配合处理。

第十三条 警务保障结束后，司法警察应当清点、回收装备，总结讲评，向司法警察部门负责人或者院领导汇报任务完成情况。

第十四条 人民法院应当加强司法警察职业风险保障，对执行特殊警务保障任务的司法警察，应当采取必要的安全和卫生防护措施，给予相应的心理疏导、疗养和补助。

第十五条 司法警察履行警务保障职责，应当严格遵守国家法律法规，严格遵守人民法院和人民警察的纪律规定，保守工作秘密，尊重和保障人权。

司法警察在警务保障中依法执行职务行为受法律保护，因按照法定条件和程序履行职责、行使权力，对公民、法人或者其他组织合法权益造成损害的，不承担法律责任，由其所属法院按照国家有关规定对造成的损害给予补偿。

第二章 押解

第十六条 押解是司法警察在刑事审判中，依法强制将被告人从看守所或者其他监管机构押到法庭接受审判，再将其押回看守所或者其他监管机构，保障审判活动安全有序进行的职务行为。押解包括提押、庭审押解、还押三个环节。

第十七条 司法警察押解职责：

（一）将被告人提押到法院指定的羁押场所；

（二）将被告人从羁押场所押解到法庭；

（三）将被告人还押到看守所或者其他监管机构；

（四）防止被告人串供、接触与押解无关的人员；

（五）预防和处置被告人脱逃、行凶、自杀、自伤或者其他危险行为；

（六）处置押解中的其他突发事件。

第十八条 司法警察押解前的准备工作：

（一）应当熟悉案件基本情况、了解被告人身体状况和在押期间的表现，进行风险评估，必要时制定押解方案；

（二）根据任务要求配备相应的专用囚车、警械、武器、通信设备等警用装备，确保装备处于可靠适用状态；

（三）按照一名被告人至少由两名司法警察押解，重大案件的被告人至少由三名司法警察押解，女性被告人由女性司法警察押解的要求配备警力；

（四）必要时提前对看守所或者其他监管机构、交通道路等情况进行实地勘察，确定押解路线；

（五）与相关部门沟通协调，明确任务，分工协作。

第十九条 司法警察执行提押时应当按照以下程序进行：

（一）凭有效证件、文书办理提押手续；

（二）核对被告人身份以及人数；

（三）确认看守所已为被告人换上正装或者便装；

（四）对被告人告知权利义务；

（五）对被告人规范使用戒具；

（六）对被告人进行安全检查；

（七）按规范要求对被告人分配车辆、座位等。

第二十条 司法警察执行庭审押解时应当按照以下程序进行：

（一）庭前向审判长或者独任审判员确认是否解除被告人戒具；

（二）核对被告人身份以及人数，确认出庭顺序；

（三）依照审判长或者独任审判员的指令，将被告人押解到法庭指定位置；

（四）依照审判长或者独任审判员的指令，解除被告人戒具；

（五）根据情况采取立正、跨立、坐姿或者其他戒备姿势看管控制被告人。

第二十一条 司法警察执行庭审押解时应当注意以下事项：

（一）严格遵守法庭纪律；

（二）对人身危险性大或者有脱逃、自杀、自伤等倾向的被告人不得解除戒具；

（三）不得让被告人与无关人员接触；

（四）如遇法庭内突发紧急情况，应当严密控制被告人，不得擅离岗位，情况紧急时可以将被告人暂时带离法庭。

第二十二条 庭审结束后，司法警察应当及时将被告人还押到看守所或者其他监管机构，一般不得让被告人在法庭或者法院羁押场所签阅庭审笔录。

第二十三条 司法警察执行还押时应当按照以下程序进行：

（一）对被告人规范使用戒具；

（二）核对被告人身份以及人数；

（三）对被告人进行安全检查；

（四）按规范要求对被告人分配车辆、座位等；

（五）妥善办理交接手续。

第二十四条 司法警察执行提押、还押时应当注意以下事项：

（一）严格遵守看守所或者其他监管机构的规章制度；

（二）专用囚车内不得搭乘与押解工作无关的人员；

（三）押解残疾、行动不便的被告人，可以根据需要使用辅助设备、器械；

（四）严密监控被告人，及时处置突发情况；

（五）规范使用警灯、警报器。

第三章　看管

第二十五条 看管是司法警察在刑事审判中，依法对在人民法院羁押场所或者其他指定地点候审的被告人进行看守管理，保障审判活动安全有序进行的职务行为。

第二十六条 司法警察看管职责：

（一）核对被告人身份，清点被告人人数，填写看管记录；

（二）对被告人进行安全检查；

（三）关注被告人动态，实施有效管理和控制；

（四）防止被告人串供、接触与看管无关的人员；

（五）预防和处置被告人脱逃、行凶、自杀、自伤或者其他危险行为；

（六）处置看管中的其他突发事件。

第二十七条 司法警察应当根据案件类型、被告人人数、在押表现和危险程度等配备充足的看管警力，明确分工。

第二十八条 看管前应当提前对羁押场所、周边环境以及设施、装备进行检查。

第二十九条 将被告人从看守所或者其他监管机构押至人民法院羁押场所时，负责看管的司法警察应当与负责押解的司法警察履行交接手续，了解基本情况，清点人数、核对身份、逐一登记，共同签字确认。

第三十条 看管期间，应当对同案被告人，成年和未成年被告人，男性和女性被告人，以及其他需要分开看管的被告人实行分别看管，原则上保证一人一室，确保有效隔离。女性被告人应当由女性司法警察执行看管。

第三十一条 看管期间，对被告人可以解除戒具。对可能发生脱逃、行凶、自杀、自伤和其他危险行为的被告人，应当根据安全需要使用相应戒具。对未成年被告人一般不得使用戒具，但确有人身危险性的除外。

第三十二条 被告人如厕时，司法警察应当提前对卫生间环境进行检查，并对其实施有效监控。女性被告人应当由女性司法警察监控。

第三十三条 如因看管时间较长等因素需要就餐，人民法院应当为被告人提供安全的食品。

如遇被告人突发疾病，司法警察应当立即向审判长或者独任审判员报告，并协助采取必要的救护措施。

第四章 值庭

第三十四条 值庭是司法警察在刑事审判中，依法维持法庭秩序，保证参与庭审活动人员安全，保障审判活动安全有序进行的职务行为。

第三十五条 司法警察值庭职责：

（一）维持法庭秩序；

（二）保障参与审判活动人员安全；

（三）传带证人、鉴定人、有专门知识的人或者其他诉讼参与人；

（四）传递、展示证据；

（五）依照审判长或者独任审判员的指令处置违反法庭纪律、扰乱法庭秩序、危害法庭安全等行为。

第三十六条 司法警察部门应当根据庭审活动的时间、规模、类型、场地条件等情况，合理配备值庭警力。必要时制定专门的值庭方案。

第三十七条 司法警察值庭分为审判活动区值庭和旁听区值庭。司法警察在审判活动区值庭时，应当位于审判台前两侧，背向审判台，面向旁听席；司法警察在旁听区值庭时，应当位于便于观察、处置情况的适当位置。值庭时根据需要采取立正、跨立、坐姿或者其他戒备姿势。

第三十八条 司法警察值庭时，应当在书记员宣布法庭纪律前进入法庭。庭审结束后，在审判人员、诉讼参与人和旁听人员离开法庭后，退出法庭。

第三十九条 司法警察发现醉酒的人、精神状态异常的人、未获得人民法院批准的未成年人或者其他不宜旁听的人员，应当阻止或者劝其退出法庭。必要时可以再次对旁听人员进行安全检查。

第四十条 司法警察应当依照审判长或者独任审判员的指令准确传递、展示证据，与被告人保持安全距离，不得将证据交到被告人手中，防止证据被抢夺、损毁。

第四十一条 司法警察应当依照审判长或者独任审判员的指令引导证人、鉴定人、有专门知识的人或者其他诉讼参与人到达指定位置，加强对被传带人员的安全保护。

第四十二条 司法警察遇有下列违反法庭纪律的行为时，应当予以劝阻、制止，并依照审判长或者独任审判员的指令依法进一步采取强制手段或者强制措施：

（一）鼓掌、喧哗；

（二）吸烟、进食；

（三）拨打或者接听电话；

（四）未经允许对庭审活动进行录音、录像、拍照或者使用移动通信工具等传播庭审活动；

（五）其他违反法庭纪律的行为。

第四十三条 司法警察遇有下列危及法庭安全或者严重扰乱法庭秩序的

行为时，应当立即采取必要的处置措施，并依照审判长或者独任审判员的指令依法进一步采取强制手段和强制措施：

（一）非法携带枪支、弹药、管制刀具或者爆炸性、易燃性、放射性、毒害性、腐蚀性物品以及传染病病原体进入法庭；

（二）哄闹、冲击法庭；

（三）侮辱、诽谤、威胁、殴打司法工作人员或者诉讼参与人；

（四）毁坏法庭设施，抢夺、损毁诉讼文书、证据；

（五）其他危害法庭安全或者严重扰乱法庭秩序的行为。

第五章　奖励惩处

第四十四条　司法警察在警务保障中认真履行职责，有效处置突发事件，成功执行重大警务任务，为保障人民法院刑事审判活动安全有序进行作出突出贡献和成绩的，应当按照规定予以表彰奖励。

第四十五条　司法警察在警务保障中，没有按照本规则规范履职，导致审判秩序受到严重干扰、造成恶劣影响或者被告人脱逃等事故，有下列情形之一的，按照相关规定追究责任：

（一）擅离职守或者不认真履行岗位职责的；

（二）与被告人或其家属相互串通，为被告人传递信件、物品，通风报信的；

（三）不按规定使用武器、警械以及强制手段、强制措施的；

（四）对于突发紧急情况没有及时采取措施予以处置，造成严重后果的；

（五）具有其他需追究责任的情形。

第四十六条　司法警察部门负责人在警务保障中，没有正确履行领导和指挥职责，导致审判秩序受到严重干扰、造成恶劣影响或者被告人脱逃等事故，有下列情形之一的，按照相关规定追究责任：

（一）庭审前没有按照规定组织实施各项警务保障准备工作的；

（二）没有按照规定和任务需求配备警力、武器、警械和其他装备的；

（三）警力、武器、警械和其他装备不足以完成任务时，不向相关领导报告，违反规定强行命令司法警察执行任务的；

（四）任务执行过程中，组织管理和监督检查不到位的；

（五）对于突发紧急情况应对不及时，指挥不正确的；

（六）具有其他需追究责任的情形。

第四十七条 人民法院相关院领导和其他工作人员在警务保障中，没有遵守本规则相关规定，导致审判秩序受到严重干扰、造成恶劣影响或者被告人脱逃等事故，有下列情形之一的，按照相关规定追究责任：

（一）法庭、羁押室、武器、警械、车辆等设施、装备不符合警务安全规范要求，没有按照规定标准予以改造、更新或者采取其他补救措施的；

（二）警力、武器、警械和其他装备不足以完成任务时，违反规定强行命令司法警察执行任务的；

（三）不按照规定履行庭前申请派警、风险评估、沟通协调等程序，或者在审判过程中违规使用警力的；

（四）决定、指令不及时或者不当的；

（五）具有其他需追究责任的情形。

第四十八条 在警务保障中发生责任事故的，根据事故的性质和严重程度，对相关责任人给予纪律处分。构成犯罪的，依法追究刑事责任。

第六章 附则

第四十九条 刑事案件中的视频提讯（审判）、自诉案件需拘传被告人出庭以及民事、行政案件中需提押在押犯罪嫌疑人、罪犯出庭等审判工作的警务保障参照本规定执行。

第五十条 本规则由最高人民法院负责解释。

第五十一条 本规则自2019年3月1日起施行。本规则施行后，《人民法院司法警察值庭规则》（法发〔2003〕13号）、《人民法院司法警察押解规则》（法发〔2003〕19号）、《人民法院司法警察看管规则》（法发〔2004〕4号）、《人民法院司法警察刑事审判警务保障规则》（法发〔2009〕46号）、《人民法院司法警察远程视频提讯警务保障规则》（法发〔2010〕19号）同时废止。

5.《人民法院司法警察安全检查规则》

最高人民法院
关于印发《人民法院司法警察安全检查规则》的通知
法发〔2019〕5号

各省、自治区、直辖市高级人民法院,新疆维吾尔自治区高级人民法院生产建设兵团分院:

现将《人民法院司法警察安全检查规则》印发给你们,请遵照执行。

最高人民法院
2019年1月24日

人民法院司法警察安全检查规则

第一条 为了规范人民法院司法警察安全检查工作,保障人民法院诉讼活动安全有序进行,根据《中华人民共和国人民警察法》《中华人民共和国治安管理处罚法》《中华人民共和国人民法院法庭规则》《人民法院司法警察条例》等法律、法规以及相关规范性文件,制定本规则。

第二条 安全检查工作是人民法院司法警察依法防止未经允许的管制器具、危险物质、限制物品等进入诉讼场所,保障参加诉讼活动人员人身安全和诉讼工作顺利进行的职务行为。

第三条 安全检查工作应当坚持安全至上、严格执法、文明执勤、规范操作的原则。

第四条 安全检查场所的设置应当与审判、诉讼服务、办公等区域有效隔离,保持一定的安全距离,并形成单一进出口的封闭环境。

安全检查场所应当设置残疾人无障碍设施和履行职务人员专门通道。

第五条 安全检查场所应当配备具有拾音功能的监控系统、智能访客系统、金属探测门、X射线检测仪、手持金属探测器、酒精测试仪、储物柜等设施、装备。

有条件的人民法院可以配备液体检测仪、爆炸物品检测仪、鞋底金属探测器等设备。

人民法院配备的安全检查设施、装备应当符合国家相关强制性标准的规定，并定期进行维护保养或者更新。

第六条 安全检查场所应当设置防冲撞设施，配备防爆、防毒、防火和防暴力袭击等装备。

人民法院应当在安全检查场所的显著位置，采用多媒体、实物或者图片展示等方式，告知群众安全检查工作的有关规定、要求。

第七条 安全检查工作由司法警察部门负责组织，相关部门协助。安全检查工作可以在司法警察的带领下，由司法警务辅助人员或者其他专职安全检查人员等具体实施。司法警察负责组织安全检查场所秩序维护、暂扣物品处理、突发事件处置等。

第八条 担负安全检查工作的人员应当经过专门培训，培训合格后方可上岗，并定期参加业务培训考核。

对考核不合格、不适合继续从事安全检查工作的人员，应当及时调离安全检查工作岗位。

第九条 安全检查工作一般应当设置引导、证件查验、安检仪器操作、人工检查等基本工作岗位。

引导员负责秩序维护、告知等职责；证件查验员负责核对、登记证件等职责；安检仪器操作员负责物品安全检查等职责；人工检查员负责受检人员人身检查等职责。

安全检查任务较重的人民法院或者因工作需要，可以适当增加工作岗位和人员。

第十条 司法警察安全检查时，应当按照规定着装并佩带人民警察标志，携带警用装备。司法警务辅助人员或者其他专职安全检查人员应当统一着装，配备必要的防护装备。

第十一条 进入诉讼场所的人员应当出示有效身份证件，并接受人身及携带物品的安全检查。

履行职务并持有效工作证件的检察人员、律师可以通过专门通道进入诉讼场所；需要安全检查的，人民法院对检察人员和律师平等对待。

第十二条 下列人员不得进入诉讼场所：

（一）无证件、伪造、冒用他人证件的人；

（二）未获得人民法院批准的未成年人；

（三）醉酒的人、精神病人或者其他精神状态异常的人；

（四）拒绝接受安全检查或者不听从安全检查人员安排的人；

（五）衣着不整、着装不文明的人；

（六）其他可能危害法院安全或者妨害诉讼秩序的人。

第十三条 除经人民法院许可，下列物品不得携带进入诉讼场所：

（一）枪支、弹药、刀具以及其他具有杀伤力的器具；

（二）易燃易爆物、疑似爆炸物；

（三）放射性、毒害性、腐蚀性、强气味性物质以及传染病病原体；

（四）非急救类药品、液体及胶状、粉末状物品；

（五）标语、条幅、传单；

（六）其他可能危害诉讼场所安全或者妨害诉讼秩序的物品。

第十四条 证件检查

（一）查验证件的真伪及有效性；

（二）查验是否人证相符；

（三）对有效证件进行登记。

第十五条 人身检查

（一）受检人员在接受人身安全检查前，应当将随身携带的可能影响检查效果的物品，包括金属物品、电子设备、外套等取下；

（二）受检人员应当依次通过安检设备接受人身安全检查；

（三）人工检查采用手持金属探测器检查和手工检查相结合的方式进行；

（四）对检查有疑点的受检人员，应当在排除疑点后予以放行；

（五）为排除疑点或者安全检查人员认为有必要的，可以要求受检人员解除腰带或者脱鞋接受检查；

（六）为排除疑点或者安全检查人员认为有必要的，可以要求受检人员重复通过安检设备接受检查；

（七）对孕妇、安装心脏起搏器或者其他不宜采用设备检查的受检人员，应当采用手工检查方式进行检查；

（八）对要求在非公开场所进行安全检查或者安全检查人员认为有必要的，可以在非公开场所进行安全检查，并由两名以上同性别人员实施；

（九）对女性受检人员的人身检查，应当由女性安全检查人员实施。

第十六条 物品检查

（一）进入诉讼场所人员的随身携带物品应当通过安检设备进行检查，对有疑点的物品应当实施开箱（包）检查，排除疑点后方可放行；对没有疑点的物品，可以实施开箱（包）抽查；

（二）开箱（包）检查时，受检人员应当在场并确认箱（包）的归属；

（三）对有疑点的箱（包），应当在排除疑点后，重新通过安检设备复查；

（四）对携带管制器具、危险物质人员应当采取人、物分离的控制措施，进行询问核实，并视情带离安全检查区域进一步处置；

（五）对性质不明物品进行检查时，应当加强自身防护，对物品实施有效控制并对持有者进行询问核实；

（六）对不允许携带进入诉讼场所的物品，应当区分物品的性质，按照规定予以寄存或者暂扣。

第十七条 对暂扣的管制器具、危险物质，应当履行相应的手续并为持有者出具单据。

第十八条 管制器具、危险物质、限制物品的处理：

（一）对不允许携带进入诉讼场所的限制物品可予以寄存；

（二）对非法携带的管制器具予以暂扣；

（三）对易燃易爆、强腐蚀性等危险物质在确保没有危险的情况下，按照有关规定予以寄存或者暂扣；

（四）对其他不得带入诉讼场所但是按照规定不允许寄存的物品，应当告知受检人员自行处置；

（五）对暂扣的爆炸物等危险物质，应当放置于专用防护器具和场所，报请公安机关或者其他专业机构进行处置；

（六）对暂扣的管制器具、危险物质，应当及时移送公安机关。

第十九条　人民法院应当设置专门场所或者区域，保管或者处理受检人员在安全检查工作中暂存、自弃或者遗留的物品。

第二十条　对拒绝接受安全检查或者不听从安全检查人员安排的受检人员，应当阻止其进入诉讼场所，对不听劝告者应当采取相应的强制手段。

第二十一条　受检人员实施下列行为之一，危及安全检查人员安全或者扰乱安全检查工作秩序的，应当先行予以控制，并视情节移交公安机关：

（一）侮辱、诽谤、威胁、殴打法院工作人员；

（二）实施危及他人人身和财产安全的行为；

（三）故意毁损安全检查场所设施设备；

（四）其他扰乱安全检查现场工作秩序的。

第二十二条　有下列情形之一，应当移交公安机关：

（一）使用伪造、变造的身份证件；

（二）哄闹、冲击安全检查场所；

（三）抢夺警用装备；

（四）发现公安机关通缉的违法犯罪嫌疑人；

（五）随身携带属于国家法律法规禁止个人持有和携带的管制器具、危险物质；

（六）其他应当移交公安机关的情形。

第二十三条　人民法院对在担负安全检查任务中表现突出、作出积极贡献的司法警察，应当按照规定给予表彰奖励；对因不正确履行职责、失职渎职，造成严重后果的，应当按照规定追究相关责任人的责任。

第二十四条　未按规定设置安全检查场所、配齐安全检查人员、配备安全检查装备，造成严重后果的，应当根据有关规定追究相关部门以及负责人责任。

第二十五条　本规则由最高人民法院负责解释。

第二十六条　本规则自2019年3月1日起施行。本规则施行后，《人民法院司法警察安全检查规则》（法发〔2004〕14号）同时废止。

6.《人民法院司法警察预防和处置突发事件规则》

最高人民法院
关于印发《人民法院司法警察预防和处置突发事件规则》的通知
法发〔2019〕6号

各省、自治区、直辖市高级人民法院，新疆维吾尔自治区高级人民法院生产建设兵团分院：

现将《人民法院司法警察预防和处置突发事件规则》印发给你们，请遵照执行。

最高人民法院
2019年1月24日

人民法院司法警察预防和处置突发事件规则

第一条 为了规范人民法院司法警察预防和处置突发事件工作，保护法院干警及人民群众的生命财产安全，保障人民法院审判执行工作安全有序进行，根据《中华人民共和国突发事件应对法》《中华人民共和国人民警察法》《中华人民共和国人民警察使用警械和武器条例》《人民法院司法警察条例》等法律、法规以及相关规范性文件，制定本规则。

第二条 本规则所称突发事件是指突然发生，造成或者可能造成人员伤亡、财产损失，损害司法权威，妨碍审判执行活动，危及法院安全，需要司法警察采取应急处置措施予以应对的紧急情况。

第三条 司法警察预防和处置突发事件应当建立统一领导、分工负责、密切协同、共同应对的工作机制。

第四条 司法警察预防和处置突发事件应当坚持预防为主、依法依规、规范稳妥的原则。

第五条 在人民法院反恐怖和安保工作协调领导小组（以下简称反恐安保领导小组）的领导下，司法警察部门负责制定完善应急处置预案，组建应急分队，定期召开专题会议，分析形势任务，做好突发事件的预防和处置工作。

第六条 在人民法院预防和处置突发事件工作总体方案的基础上，司法警察部门应当制定本部门应急处置预案，明确应急处置的组织领导、职责分工、处置流程、应急措施、联防联动、勤务保障等内容。

第七条 司法警察部门应当成立应急分队，保持备勤状态，加强日常应急演练，及时防范和处置突发事件。

第八条 司法警察部门应当建立重大敏感案件风险评估机制，对业务庭（局）通报的案件，提前做好突发事件研判和预防工作。

第九条 司法警察部门处置突发事件遇警力不足时，应当按照相关规定调警。

第十条 人民法院发生突发事件时，司法警察部门应当按照相关规定，及时向分管司法警务工作的院领导和上级法院司法警察部门报告。

第十一条 司法警察部门应当在反恐安保领导小组的领导下，加强与业务庭（局）和公安机关、应急管理、医疗卫生等相关部门的沟通协调，建立应急联防联动工作机制，发挥各自职能作用，共同应对突发事件。

第十二条 按照对人民法院安全及审判执行工作危害程度、影响范围等因素，人民法院突发事件等级由高到低可以分为一级、二级和三级：

一级突发事件是指发生情况紧急、规模较大、敏感性强、涉及面广、影响恶劣，且具有手段残忍、危及生命和财产安全等重大现实危险的突发事件。

二级突发事件是指发生险情苗头明显、中小规模、影响较大，且具有危害较重、手段过激，可能危及人身和财产安全等较大现实危险的突发事件。

三级突发事件是指发生安全隐患突出、矛盾明显，具有一定现实危险的突发事件。

第十三条 人民法院遇有等级突发事件，反恐安保领导小组和司法警察部门应当采取相应处置措施：

遇有一级突发事件，人民法院主要领导应迅速到场，组织领导相关部门开展处置工作，协调公安机关到场支援，防止事态恶化。司法警察部门应当立即组织警力，携带警用装备赶赴现场，必要时携带武器，根据指令依法采取处置措施，控制事态发展。

遇有二级突发事件，分管司法警务工作的院领导应当到场，指导相关部门采取应对措施。司法警察部门应当根据指令，组织警力携带装备到达现场，对行为人采取强制手段或者强制措施，配合做好收集保存证据等工作。

遇有三级突发事件，司法警察部门应当向分管司法警务工作的院领导报告，组织警力携带装备到达现场，根据指令做好现场处置工作，及时消除隐患，防止事态发展。

第十四条 突发事件发生时，司法警察部门应当按照以下程序处置：

（一）先期控制。司法警察控制事发现场，救护伤员，实施现场警戒，疏散无关人员，及时保存证据。

（二）请示报告。司法警察及时将现场情况报告司法警察部门负责人，逐级上报反恐安保领导小组。

（三）启动预案。根据反恐安保领导小组的指令，司法警察部门启动突发事件应急处置预案，组织应急分队携带装备及时赶赴现场。

（四）现场处置。司法警察部门应急分队应当迅速到场，准确研判情况，在反恐安保领导小组的指挥下，与其他相关部门分工协作，果断处置。视情启动调警程序。必要时启动应急联防联动机制，联系公安机关、医疗卫生、应急管理等部门协助处置。

（五）秩序恢复。现场处置完毕，司法警察部门在反恐安保领导小组的领导下，组织现场安全检查，消除隐患，恢复工作秩序。必要时，移交涉事人员和相关证据，配合相关部门做好善后工作。

第十五条 司法警察部门根据突发事件的等级和特点，视情选择采取下列预防和处置措施：

（一）准确掌握情况，收集有关信息，及时向反恐安保领导小组和相关部门报告，在一定范围内发出预警。

（二）根据预判结果，组织调派警力，调集应急处置所需装备、设备和其他相关物资。

（三）加强对重点人员、重要目标、重点场所和重要设施的防范和现场警戒。

（四）协助业务庭（局）做好教育、劝解、疏导工作，对涉事人员提出警告。

（五）迅速控制事发现场，标明危险区域，划定警戒区域，疏散无关人员，关闭或封锁危险场所，控制事态进一步发展。

（六）对组织者、煽动者、闹事骨干分子等相关人员依法采取隔离、驱散、制止、制服等措施，组织救治受伤人员，疏散、撤离并妥善安置受到威胁的人员。

（七）对严重扰乱法院工作秩序、严重威胁法院干警和人民群众生命财产安全、经劝阻无效的人员，可以依法采取强制手段或者强制措施。遇有符合使用警械和武器的情形时，可以依法使用警械和武器。

（八）遇有需要由公安机关或者其他专业部门处置的突发事件时，应当积极做好先期处置，保存证据，及时向相关部门移交，协助做好后续处置工作。

（九）执勤司法警察应当开启执法记录仪，做好全程收集保存证据工作。

（十）根据应急需要，可以采取其他必要的处置措施。

第十六条 人民法院应当加强司法警察队伍建设，增强司法警察警力配备，定期开展应急处突专项培训，组织经常性模拟演练，不断提高预防和处置突发事件的能力。

第十七条 人民法院应当加强预防和处置突发事件装备配备和设施建设，及时维护、更新警用装备和设施。加强科技手段运用，提高警务信息化智能化应用水平。

第十八条 人民法院应当根据预防和处置突发事件的需要，对所需经费予以保障。

第十九条 人民法院对在担负预防和处置突发事件任务中表现突出、作出积极贡献的司法警察，应当按照规定给予表彰奖励；对因不正确履行职责、失职渎职，造成严重后果的，应当按照规定追究相关责任人的责任。

第二十条 本规则由最高人民法院负责解释。

第二十一条 本规则自2019年3月1日起施行。本规则施行后，《人民法院司法警察预防和处置突发事件暂行规则》（法发〔2008〕29号）同时废止。

7.《最高人民法院关于修改〈中华人民共和国人民法院法庭规则〉的决定》

《最高人民法院关于修改〈中华人民共和国人民法院法庭规则〉的决定》已于 2015 年 12 月 21 日由最高人民法院审判委员会第 1673 次会议通过，现予公布，自 2016 年 5 月 1 日起施行。

最高人民法院

2016 年 4 月 13 日

法释〔2016〕7 号

最高人民法院关于修改《中华人民共和国人民法院法庭规则》的决定

（2015 年 12 月 21 日最高人民法院审判委员会第 1673 次会议通过，

自 2016 年 5 月 1 日起施行）

为了维护法庭安全，规范庭审秩序，保障诉讼参与人诉讼权利，方便公众旁听，促进司法公正，彰显司法权威，根据《中华人民共和国人民法院组织法》《中华人民共和国刑事诉讼法》《中华人民共和国民事诉讼法》《中华人民共和国行政诉讼法》等有关法律规定，结合审判实际，现决定对《中华人民共和国人民法院法庭规则》作如下修改：

一、将第一条修改为："为了维护法庭安全和秩序，保障庭审活动正常进行，保障诉讼参与人依法行使诉讼权利，方便公众旁听，促进司法公正，彰显司法权威，根据《中华人民共和国人民法院组织法》《中华人民共和国刑事诉讼法》《中华人民共和国民事诉讼法》《中华人民共和国行政诉讼法》等有关法律规定，制定本规则。"

二、删除第二条，将相关内容调整到第十七条、第二十一条。

三、将第三条改为第二条，修改为："法庭是人民法院代表国家依法审判各类案件的专门场所。"

"法庭正面上方应当悬挂国徽。"

四、将第四条改为第十二条，修改为："出庭履行职务的人员，按照职业着装规定着装。但是，具有下列情形之一的，着正装：

（一）没有职业着装规定；

（二）侦查人员出庭作证；

（三）所在单位系案件当事人。

非履行职务的出庭人员及旁听人员，应当文明着装。"

五、将第五条改为第十五条，修改为："审判人员进入法庭以及审判长或独任审判员宣告判决、裁定、决定时，全体人员应当起立。"

六、将第六条改为第十六条，修改为："人民法院开庭审判案件应当严格按照法律规定的诉讼程序进行。"

"审判人员在庭审活动中应当平等对待诉讼各方。"

七、将第七条、第九条、第十条合并，改为第十七条，修改为："全体人员在庭审活动中应当服从审判长或独任审判员的指挥，尊重司法礼仪，遵守法庭纪律，不得实施下列行为：

（一）鼓掌、喧哗；

（二）吸烟、进食；

（三）拨打或接听电话；

（四）对庭审活动进行录音、录像、拍照或使用移动通信工具等传播庭审活动；

（五）其他危害法庭安全或妨害法庭秩序的行为。"

"检察人员、诉讼参与人发言或提问，应当经审判长或独任审判员许可。"

"旁听人员不得进入审判活动区，不得随意站立、走动，不得发言和提问。"

"媒体记者经许可实施第一款第四项规定的行为，应当在指定的时间及区域进行，不得影响或干扰庭审活动。"

八、将第八条改为第九条，第一款修改为："公开的庭审活动，公民可以旁听。"

第二款改为第三款，修改为："下列人员不得旁听：

（一）证人、鉴定人以及准备出庭提出意见的有专门知识的人；

（二）未获得人民法院批准的未成年人；

（三）拒绝接受安全检查的人；

（四）醉酒的人、精神病人或其他精神状态异常的人；

（五）其他有可能危害法庭安全或妨害法庭秩序的人。"

增加三款，分别作为第二款、第四款、第五款。

第二款："旁听席位不能满足需要时，人民法院可以根据申请的先后顺序或者通过抽签、摇号等方式发放旁听证，但应当优先安排当事人的近亲属或其他与案件有利害关系的人旁听。"

第四款："依法有可能封存犯罪记录的公开庭审活动，任何单位或个人不得组织人员旁听。"

第五款："依法不公开的庭审活动，除法律另有规定外，任何人不得旁听。"

九、将第十一条改为第十九条，修改为："审判长或独任审判员对违反法庭纪律的人员应当予以警告；对不听警告的，予以训诫；对训诫无效的，责令其退出法庭；对拒不退出法庭的，指令司法警察将其强行带出法庭。"

增加一款，作为第二款："行为人违反本规则第十七条第一款第四项规定的，人民法院可以暂扣其使用的设备及存储介质，删除相关内容。"

十、将第十二条改为第二十条，修改为："行为人实施下列行为之一，危及法庭安全或扰乱法庭秩序的，根据相关法律规定，予以罚款、拘留；构成犯罪的，依法追究其刑事责任：

（一）非法携带枪支、弹药、管制刀具或者爆炸性、易燃性、放射性、毒害性、腐蚀性物品以及传染病病原体进入法庭；

（二）哄闹、冲击法庭；

（三）侮辱、诽谤、威胁、殴打司法工作人员或诉讼参与人；

（四）毁坏法庭设施，抢夺、损毁诉讼文书、证据；

（五）其他危害法庭安全或扰乱法庭秩序的行为。"

十一、将第十三条改为第二十一条，修改为："司法警察依照审判长或独任审判员的指令维持法庭秩序。"

增加二款，分别作为第二款、第三款。

第二款："出现危及法庭内人员人身安全或者严重扰乱法庭秩序等紧急情况时，司法警察可以直接采取必要的处置措施。"

第三款："人民法院依法对违反法庭纪律的人采取的扣押物品、强行带出

值庭与安检实务

法庭以及罚款、拘留等强制措施，由司法警察执行。"

十二、将第十四条改为第二十六条，修改为："外国人、无国籍人旁听庭审活动，外国媒体记者报道庭审活动，应当遵守本规则。"

十三、将第十五条改为第二十七条，修改为："本规则自2016年5月1日起施行；最高人民法院此前发布的司法解释及规范性文件与本规则不一致的，以本规则为准。"

十四、增加十五条分别作为第三条、第四条、第五条、第六条、第七条、第八条、第十条、第十一条、第十三条、第十四条、第十八条、第二十二条、第二十三条、第二十四条、第二十五条：

"第三条 法庭分设审判活动区和旁听区，两区以栏杆等进行隔离。"

"审理未成年人案件的法庭应当根据未成年人身心发展特点设置区域和席位。"

"有新闻媒体旁听或报道庭审活动时，旁听区可以设置专门的媒体记者席。"

"第四条 刑事法庭可以配置同步视频作证室，供依法应当保护或其他确有保护必要的证人、鉴定人、被害人在庭审作证时使用。"

"第五条 法庭应当设置残疾人无障碍设施；根据需要配备合议庭合议室，检察人员、律师及其他诉讼参与人休息室，被告人羁押室等附属场所。"

"第六条 进入法庭的人员应当出示有效身份证件，并接受人身及携带物品的安全检查。"

"持有效工作证件和出庭通知履行职务的检察人员、律师可以通过专门通道进入法庭。需要安全检查的，人民法院对检察人员和律师平等对待。"

"第七条 除经人民法院许可，需要在法庭上出示的证据外，下列物品不得携带进入法庭：

（一）枪支、弹药、管制刀具以及其他具有杀伤力的器具；

（二）易燃易爆物、疑似爆炸物；

（三）放射性、毒害性、腐蚀性、强气味性物质以及传染病病原体；

（四）液体及胶状、粉末状物品；

（五）标语、条幅、传单；

（六）其他可能危害法庭安全或妨害法庭秩序的物品。"

"第八条 人民法院应当通过官方网站、电子显示屏、公告栏等向公众公开各法庭的编号、具体位置以及旁听席位数量等信息。"

"第十条 人民法院应当对庭审活动进行全程录像或录音。"

"第十一条 依法公开进行的庭审活动,具有下列情形之一的,人民法院可以通过电视、互联网或其他公共媒体进行图文、音频、视频直播或录播:

(一) 公众关注度较高;

(二) 社会影响较大;

(三) 法治宣传教育意义较强。"

"第十三条 刑事在押被告人或上诉人出庭受审时,着正装或便装,不着监管机构的识别服。"

"人民法院在庭审活动中不得对被告人或上诉人使用戒具,但认为其人身危险性大,可能危害法庭安全的除外。"

"第十四条 庭审活动开始前,书记员应当宣布本规则第十七条规定的法庭纪律。"

"第十八条 审判长或独任审判员主持庭审活动时,依照规定使用法槌。"

"第二十二条 人民检察院认为审判人员违反本规则的,可以在庭审活动结束后向人民法院提出处理建议。"

"诉讼参与人、旁听人员认为审判人员、书记员、司法警察违反本规则的,可以在庭审活动结束后向人民法院反映。"

"第二十三条 检察人员违反本规则的,人民法院可以向人民检察院通报情况并提出处理建议。"

"第二十四条 律师违反本规则的,人民法院可以向司法行政机关及律师协会通报情况并提出处理建议。"

"第二十五条 人民法院进行案件听证、国家赔偿案件质证、网络视频远程审理以及在法院以外的场所巡回审判等,参照适用本规则。"

根据本决定,将《中华人民共和国人民法院法庭规则》作相应修改并对条文顺序作相应调整后,重新公布。

8.《中华人民共和国人民法院法庭规则》

（1993年11月26日最高人民法院审判委员会第617次会议通过，根据2015年12月21日最高人民法院审判委员会第1673次会议通过的《最高人民法院关于修改〈中华人民共和国人民法院法庭规则〉的决定》修正　2016年4月13日最高人民法院公告发布　法释〔2016〕7号）

第一条　为了维护法庭安全和秩序，保障庭审活动正常进行，保障诉讼参与人依法行使诉讼权利，方便公众旁听，促进司法公正，彰显司法权威，根据《中华人民共和国人民法院组织法》《中华人民共和国刑事诉讼法》《中华人民共和国民事诉讼法》《中华人民共和国行政诉讼法》等有关法律规定，制定本规则。

第二条　法庭是人民法院代表国家依法审判各类案件的专门场所。

法庭正面上方应当悬挂国徽。

第三条　法庭分设审判活动区和旁听区，两区以栏杆等进行隔离。

审理未成年人案件的法庭应当根据未成年人身心发展特点设置区域和席位。

有新闻媒体旁听或报道庭审活动时，旁听区可以设置专门的媒体记者席。

第四条　刑事法庭可以配置同步视频作证室，供依法应当保护或其他确有保护必要的证人、鉴定人、被害人在庭审作证时使用。

第五条　法庭应当设置残疾人无障碍设施；根据需要配备合议庭合议室，检察人员、律师及其他诉讼参与人休息室，被告人羁押室等附属场所。

第六条　进入法庭的人员应当出示有效身份证件，并接受人身及携带物品的安全检查。

持有效工作证件和出庭通知履行职务的检察人员、律师可以通过专门通道进入法庭。需要安全检查的，人民法院对检察人员和律师平等对待。

第七条　除经人民法院许可，需要在法庭上出示的证据外，下列物品不得携带进入法庭：

（一）枪支、弹药、管制刀具以及其他具有杀伤力的器具；

（二）易燃易爆物、疑似爆炸物；

（三）放射性、毒害性、腐蚀性、强气味性物质以及传染病病原体；

（四）液体及胶状、粉末状物品；

（五）标语、条幅、传单；

（六）其他可能危害法庭安全或妨害法庭秩序的物品。

第八条 人民法院应当通过官方网站、电子显示屏、公告栏等向公众公开各法庭的编号、具体位置以及旁听席位数量等信息。

第九条 公开的庭审活动，公民可以旁听。

旁听席位不能满足需要时，人民法院可以根据申请的先后顺序或者通过抽签、摇号等方式发放旁听证，但应当优先安排当事人的近亲属或其他与案件有利害关系的人旁听。

下列人员不得旁听：

（一）证人、鉴定人以及准备出庭提出意见的有专门知识的人；

（二）未获得人民法院批准的未成年人；

（三）拒绝接受安全检查的人；

（四）醉酒的人、精神病人或其他精神状态异常的人；

（五）其他有可能危害法庭安全或妨害法庭秩序的人。

依法有可能封存犯罪记录的公开庭审活动，任何单位或个人不得组织人员旁听。

依法不公开的庭审活动，除法律另有规定外，任何人不得旁听。

第十条 人民法院应当对庭审活动进行全程录像或录音。

第十一条 依法公开进行的庭审活动，具有下列情形之一的，人民法院可以通过电视、互联网或其他公共媒体进行图文、音频、视频直播或录播：

（一）公众关注度较高；

（二）社会影响较大；

（三）法治宣传教育意义较强。

第十二条 出庭履行职务的人员，按照职业着装规定着装。但是，具有下列情形之一的，着正装：

（一）没有职业着装规定；

（二）侦查人员出庭作证；

（三）所在单位系案件当事人。

非履行职务的出庭人员及旁听人员，应当文明着装。

第十三条 刑事在押被告人或上诉人出庭受审时，着正装或便装，不着监管机构的识别服。

人民法院在庭审活动中不得对被告人或上诉人使用戒具，但认为其人身危险性大，可能危害法庭安全的除外。

第十四条 庭审活动开始前，书记员应当宣布本规则第十七条规定的法庭纪律。

第十五条 审判人员进入法庭以及审判长或独任审判员宣告判决、裁定、决定时，全体人员应当起立。

第十六条 人民法院开庭审判案件应当严格按照法律规定的诉讼程序进行。

审判人员在庭审活动中应当平等对待诉讼各方。

第十七条 全体人员在庭审活动中应当服从审判长或独任审判员的指挥，尊重司法礼仪，遵守法庭纪律，不得实施下列行为：

（一）鼓掌、喧哗；

（二）吸烟、进食；

（三）拨打或接听电话；

（四）对庭审活动进行录音、录像、拍照或使用移动通信工具等传播庭审活动；

（五）其他危害法庭安全或妨害法庭秩序的行为。

检察人员、诉讼参与人发言或提问，应当经审判长或独任审判员许可。

旁听人员不得进入审判活动区，不得随意站立、走动，不得发言和提问。

媒体记者经许可实施第一款第四项规定的行为，应当在指定的时间及区域进行，不得影响或干扰庭审活动。

第十八条 审判长或独任审判员主持庭审活动时，依照规定使用法槌。

第十九条 审判长或独任审判员对违反法庭纪律的人员应当予以警告；对不听警告的，予以训诫；对训诫无效的，责令其退出法庭；对拒不退出法庭的，指令司法警察将其强行带出法庭。

行为人违反本规则第十七条第一款第四项规定的，人民法院可以暂扣其使用的设备及存储介质，删除相关内容。

第二十条 行为人实施下列行为之一，危及法庭安全或扰乱法庭秩序的，根据相关法律规定，予以罚款、拘留；构成犯罪的，依法追究其刑事责任：

（一）非法携带枪支、弹药、管制刀具或者爆炸性、易燃性、放射性、毒害性、腐蚀性物品以及传染病病原体进入法庭；

（二）哄闹、冲击法庭；

（三）侮辱、诽谤、威胁、殴打司法工作人员或诉讼参与人；

（四）毁坏法庭设施，抢夺、损毁诉讼文书、证据；

（五）其他危害法庭安全或扰乱法庭秩序的行为。

第二十一条 司法警察依照审判长或独任审判员的指令维持法庭秩序。

出现危及法庭内人员人身安全或者严重扰乱法庭秩序等紧急情况时，司法警察可以直接采取必要的处置措施。

人民法院依法对违反法庭纪律的人采取的扣押物品、强行带出法庭以及罚款、拘留等强制措施，由司法警察执行。

第二十二条 人民检察院认为审判人员违反本规则的，可以在庭审活动结束后向人民法院提出处理建议。

诉讼参与人、旁听人员认为审判人员、书记员、司法警察违反本规则的，可以在庭审活动结束后向人民法院反映。

第二十三条 检察人员违反本规则的，人民法院可以向人民检察院通报情况并提出处理建议。

第二十四条 律师违反本规则的，人民法院可以向司法行政机关及律师协会通报情况并提出处理建议。

第二十五条 人民法院进行案件听证、国家赔偿案件质证、网络视频远程审理以及在法院以外的场所巡回审判等，参照适用本规则。

第二十六条 外国人、无国籍人旁听庭审活动，外国媒体记者报道庭审活动，应当遵守本规则。

第二十七条 本规则自2016年5月1日起施行；最高人民法院此前发布的司法解释及规范性文件与本规则不一致的，以本规则为准。

9.《中华人民共和国人民法院组织法》

中华人民共和国人民法院组织法

中华人民共和国主席令

（第十一号）

《中华人民共和国人民法院组织法》已由中华人民共和国第十三届全国人民代表大会常务委员会第六次会议于 2018 年 10 月 26 日修订通过，现将修订后的《中华人民共和国人民法院组织法》公布，自 2019 年 1 月 1 日起施行。

中华人民共和国主席　习近平

2018 年 10 月 26 日

中华人民共和国人民法院组织法

（1979 年 7 月 1 日第五届全国人民代表大会第二次会议通过　根据 1983 年 9 月 2 日第六届全国人民代表大会常务委员会第二次会议《关于修改〈中华人民共和国人民法院组织法〉的决定》第一次修正　根据 1986 年 12 月 2 日第六届全国人民代表大会常务委员会第十八次会议《关于修改〈中华人民共和国地方各级人民代表大会和地方各级人民政府组织法〉的决定》第二次修正　根据 2006 年 10 月 31 日第十届全国人民代表大会常务委员会第二十四次会议《关于修改〈中华人民共和国人民法院组织法〉的决定》第三次修正　2018 年 10 月 26 日第十三届全国人民代表大会常务委员会第六次会议修订）。

目　录

第一章　总　则

第二章　人民法院的设置和职权

第三章　人民法院的审判组织

第四章　人民法院的人员组成

第五章　人民法院行使职权的保障

第六章　附　则

第一章 总 则

第一条 为了规范人民法院的设置、组织和职权，保障人民法院依法履行职责，根据宪法，制定本法。

第二条 人民法院是国家的审判机关。

人民法院通过审判刑事案件、民事案件、行政案件以及法律规定的其他案件，惩罚犯罪，保障无罪的人不受刑事追究，解决民事、行政纠纷，保护个人和组织的合法权益，监督行政机关依法行使职权，维护国家安全和社会秩序，维护社会公平正义，维护国家法制统一、尊严和权威，保障中国特色社会主义建设的顺利进行。

第三条 人民法院依照宪法、法律和全国人民代表大会常务委员会的决定设置。

第四条 人民法院依照法律规定独立行使审判权，不受行政机关、社会团体和个人的干涉。

第五条 人民法院审判案件在适用法律上一律平等，不允许任何组织和个人有超越法律的特权，禁止任何形式的歧视。

第六条 人民法院坚持司法公正，以事实为根据，以法律为准绳，遵守法定程序，依法保护个人和组织的诉讼权利和其他合法权益，尊重和保障人权。

第七条 人民法院实行司法公开，法律另有规定的除外。

第八条 人民法院实行司法责任制，建立健全权责统一的司法权力运行机制。

第九条 最高人民法院对全国人民代表大会及其常务委员会负责并报告工作。地方各级人民法院对本级人民代表大会及其常务委员会负责并报告工作。

各级人民代表大会及其常务委员会对本级人民法院的工作实施监督。

第十条 最高人民法院是最高审判机关。

最高人民法院监督地方各级人民法院和专门人民法院的审判工作，上级人民法院监督下级人民法院的审判工作。

第十一条 人民法院应当接受人民群众监督，保障人民群众对人民法院工作依法享有知情权、参与权和监督权。

第二章 人民法院的设置和职权

第十二条 人民法院分为：
（一）最高人民法院；
（二）地方各级人民法院；
（三）专门人民法院。

第十三条 地方各级人民法院分为高级人民法院、中级人民法院和基层人民法院。

第十四条 在新疆生产建设兵团设立的人民法院的组织、案件管辖范围和法官任免，依照全国人民代表大会常务委员会的有关规定。

第十五条 专门人民法院包括军事法院和海事法院、知识产权法院、金融法院等。

专门人民法院的设置、组织、职权和法官任免，由全国人民代表大会常务委员会规定。

第十六条 最高人民法院审理下列案件：
（一）法律规定由其管辖的和其认为应当由自己管辖的第一审案件；
（二）对高级人民法院判决和裁定的上诉、抗诉案件；
（三）按照全国人民代表大会常务委员会的规定提起的上诉、抗诉案件；
（四）按照审判监督程序提起的再审案件；
（五）高级人民法院报请核准的死刑案件。

第十七条 死刑除依法由最高人民法院判决的以外，应当报请最高人民法院核准。

第十八条 最高人民法院可以对属于审判工作中具体应用法律的问题进行解释。

最高人民法院可以发布指导性案例。

第十九条 最高人民法院可以设巡回法庭，审理最高人民法院依法确定的案件。

巡回法庭是最高人民法院的组成部分。巡回法庭的判决和裁定即最高人民法院的判决和裁定。

第二十条 高级人民法院包括：

（一）省高级人民法院；

（二）自治区高级人民法院；

（三）直辖市高级人民法院。

第二十一条 高级人民法院审理下列案件：

（一）法律规定由其管辖的第一审案件；

（二）下级人民法院报请审理的第一审案件；

（三）最高人民法院指定管辖的第一审案件；

（四）对中级人民法院判决和裁定的上诉、抗诉案件；

（五）按照审判监督程序提起的再审案件；

（六）中级人民法院报请复核的死刑案件。

第二十二条 中级人民法院包括：

（一）省、自治区辖市的中级人民法院；

（二）在直辖市内设立的中级人民法院；

（三）自治州中级人民法院；

（四）在省、自治区内按地区设立的中级人民法院。

第二十三条 中级人民法院审理下列案件：

（一）法律规定由其管辖的第一审案件；

（二）基层人民法院报请审理的第一审案件；

（三）上级人民法院指定管辖的第一审案件；

（四）对基层人民法院判决和裁定的上诉、抗诉案件；

（五）按照审判监督程序提起的再审案件。

第二十四条 基层人民法院包括：

（一）县、自治县人民法院；

（二）不设区的市人民法院；

（三）市辖区人民法院。

第二十五条 基层人民法院审理第一审案件，法律另有规定的除外。

基层人民法院对人民调解委员会的调解工作进行业务指导。

第二十六条 基层人民法院根据地区、人口和案件情况，可以设立若干人民法庭。

人民法庭是基层人民法院的组成部分。人民法庭的判决和裁定即基层人民法院的判决和裁定。

第二十七条 人民法院根据审判工作需要，可以设必要的专业审判庭。法官员额较少的中级人民法院和基层人民法院，可以设综合审判庭或者不设审判庭。

人民法院根据审判工作需要，可以设综合业务机构。法官员额较少的中级人民法院和基层人民法院，可以不设综合业务机构。

第二十八条 人民法院根据工作需要，可以设必要的审判辅助机构和行政管理机构。

第三章 人民法院的审判组织

第二十九条 人民法院审理案件，由合议庭或者法官一人独任审理。

合议庭和法官独任审理的案件范围由法律规定。

第三十条 合议庭由法官组成，或者由法官和人民陪审员组成，成员为三人以上单数。

合议庭由一名法官担任审判长。院长或者庭长参加审理案件时，由自己担任审判长。

审判长主持庭审、组织评议案件，评议案件时与合议庭其他成员权利平等。

第三十一条 合议庭评议案件应当按照多数人的意见作出决定，少数人的意见应当记入笔录。评议案件笔录由合议庭全体组成人员签名。

第三十二条 合议庭或者法官独任审理案件形成的裁判文书，经合议庭组成人员或者独任法官签署，由人民法院发布。

第三十三条 合议庭审理案件，法官对案件的事实认定和法律适用负责；法官独任审理案件，独任法官对案件的事实认定和法律适用负责。

人民法院应当加强内部监督，审判活动有违法情形的，应当及时调查核实，并根据违法情形依法处理。

第三十四条 人民陪审员依照法律规定参加合议庭审理案件。

第三十五条 中级以上人民法院设赔偿委员会,依法审理国家赔偿案件。

赔偿委员会由三名以上法官组成,成员应当为单数,按照多数人的意见作出决定。

第三十六条 各级人民法院设审判委员会。审判委员会由院长、副院长和若干资深法官组成,成员应当为单数。

审判委员会会议分为全体会议和专业委员会会议。

中级以上人民法院根据审判工作需要,可以按照审判委员会委员专业和工作分工,召开刑事审判、民事行政审判等专业委员会会议。

第三十七条 审判委员会履行下列职能:

(一)总结审判工作经验;

(二)讨论决定重大、疑难、复杂案件的法律适用;

(三)讨论决定本院已经发生法律效力的判决、裁定、调解书是否应当再审;

(四)讨论决定其他有关审判工作的重大问题。

最高人民法院对属于审判工作中具体应用法律的问题进行解释,应当由审判委员会全体会议讨论通过;发布指导性案例,可以由审判委员会专业委员会会议讨论通过。

第三十八条 审判委员会召开全体会议和专业委员会会议,应当有其组成人员的过半数出席。

审判委员会会议由院长或者院长委托的副院长主持。审判委员会实行民主集中制。

审判委员会举行会议时,同级人民检察院检察长或者检察长委托的副检察长可以列席。

第三十九条 合议庭认为案件需要提交审判委员会讨论决定的,由审判长提出申请,院长批准。

审判委员会讨论案件,合议庭对其汇报的事实负责,审判委员会委员对本人发表的意见和表决负责。审判委员会的决定,合议庭应当执行。

审判委员会讨论案件的决定及其理由应当在裁判文书中公开,法律规定不公开的除外。

第四章 人民法院的人员组成

第四十条 人民法院的审判人员由院长、副院长、审判委员会委员和审判员等人员组成。

第四十一条 人民法院院长负责本院全面工作,监督本院审判工作,管理本院行政事务。人民法院副院长协助院长工作。

第四十二条 最高人民法院院长由全国人民代表大会选举,副院长、审判委员会委员、庭长、副庭长和审判员由院长提请全国人民代表大会常务委员会任免。

最高人民法院巡回法庭庭长、副庭长,由最高人民法院院长提请全国人民代表大会常务委员会任免。

第四十三条 地方各级人民法院院长由本级人民代表大会选举,副院长、审判委员会委员、庭长、副庭长和审判员由院长提请本级人民代表大会常务委员会任免。

在省、自治区内按地区设立的和在直辖市内设立的中级人民法院院长,由省、自治区、直辖市人民代表大会常务委员会根据主任会议的提名决定任免,副院长、审判委员会委员、庭长、副庭长和审判员由高级人民法院院长提请省、自治区、直辖市人民代表大会常务委员会任免。

第四十四条 人民法院院长任期与产生它的人民代表大会每届任期相同。

各级人民代表大会有权罢免由其选出的人民法院院长。在地方人民代表大会闭会期间,本级人民代表大会常务委员会认为人民法院院长需要撤换的,应当报请上级人民代表大会常务委员会批准。

第四十五条 人民法院的法官、审判辅助人员和司法行政人员实行分类管理。

第四十六条 法官实行员额制。法官员额根据案件数量、经济社会发展情况、人口数量和人民法院审级等因素确定。

最高人民法院法官员额由最高人民法院商有关部门确定。地方各级人民法院法官员额,在省、自治区、直辖市内实行总量控制、动态管理。

第四十七条 法官从取得法律职业资格并且具备法律规定的其他条件的人员中选任。初任法官应当由法官遴选委员会进行专业能力审核。上级人民法院的法官一般从下级人民法院的法官中择优遴选。

院长应当具有法学专业知识和法律职业经历。副院长、审判委员会委员应当从法官、检察官或者其他具备法官、检察官条件的人员中产生。

法官的职责、管理和保障，依照《中华人民共和国法官法》的规定。

第四十八条 人民法院的法官助理在法官指导下负责审查案件材料、草拟法律文书等审判辅助事务。

符合法官任职条件的法官助理，经遴选后可以按照法官任免程序任命为法官。

第四十九条 人民法院的书记员负责法庭审理记录等审判辅助事务。

第五十条 人民法院的司法警察负责法庭警戒、人员押解和看管等警务事项。

司法警察依照《中华人民共和国人民警察法》管理。

第五十一条 人民法院根据审判工作需要，可以设司法技术人员，负责与审判工作有关的事项。

第五章 人民法院行使职权的保障

第五十二条 任何单位或者个人不得要求法官从事超出法定职责范围的事务。

对于领导干部等干预司法活动、插手具体案件处理，或者人民法院内部人员过问案件情况的，办案人员应当全面如实记录并报告；有违法违纪情形的，由有关机关根据情节轻重追究行为人的责任。

第五十三条 人民法院作出的判决、裁定等生效法律文书，义务人应当依法履行；拒不履行的，依法追究法律责任。

第五十四条 人民法院采取必要措施，维护法庭秩序和审判权威。对妨碍人民法院依法行使职权的违法犯罪行为，依法追究法律责任。

第五十五条 人民法院实行培训制度，法官、审判辅助人员和司法行政人员应当接受理论和业务培训。

第五十六条 人民法院人员编制实行专项管理。

第五十七条 人民法院的经费按照事权划分的原则列入财政预算，保障审判工作需要。

第五十八条 人民法院应当加强信息化建设，运用现代信息技术，促进司法公开，提高工作效率。

第六章 附 则

第五十九条 本法自 2019 年 1 月 1 日起施行。

参考文献

1. 金川等：《司法警察概论》，中国政法大学出版社 2005 年版。
2. 黄素萍主编：《押解与看管实务》，中国政法大学出版社 2017 年版。
3. 最高人民法院政治部编著：《人民法院司法警察基础理论（第二版）》，人民法院出版社 2019 年版。
4. 最高人民法院政治部编著：《人民法院司法警察警务实务（第二版）》，人民法院出版社 2019 年版。
5. 唐长国、赵勇主编：《值庭与安检实务》，中国政法大学出版社 2017 年版。
6. 张盛国："警察权力与警察职权初探"，载《公安研究》2003 年第 7 期。
7. 李健和："论我国警察权力的属性和类别——警察权力专题研究之一"，载《中国人民公安大学学报（社会科学版）》2007 年第 3 期。
8. 庄京伟、李群英："警察职权的配置与警察权益的保护"，载《法学杂志》2007 年第 5 期。
9. ［英］罗伯特·雷纳：《警察与政治》，易继苍等译，知识产权出版社 2008 年版。
10. 夏菲：《论英国警察权的变迁》，法律出版社 2011 年版。
11. 高文英："转型期警察行政职权配置若干问题探讨"，载《中国人民公安大学学报（社会科学版）》2012 年第 4 期。
12. 杨玉生："警察权的法律解读——兼谈警察职权的法治意义"，载《湖北警官学院学报》2013 年第 10 期。
13. 徐文星、祝悦："我国亟须制定警察职权行使法"，载程琳主编：《警察法学研究（第一辑）》，中国人民公安大学出版社 2013 年版。
14. 王大伟、付有志：《世界警察理论研究综述》，群众出版社 1998 年版。
15. 李忠信："关于人民警察的执法监督"，载《公安研究》1998 年第 1 期。
16. 黄娜主编：《警察执法全书》，群众出版社 2000 年版。
17. 王鹰：《政府公共警察研究：我国转轨时期公共管理学视野中的警察基本问题》，四川大学出版社 2001 年版。

18. 陈晋胜：《警察执法论》，中国民主法制出版社2001年版。

19. 李坤生："论警察的概念"，载《公安大学学报》1995年第3期。

20. 陈光中、崔洁："司法、司法机关的中国式解读"，载《中国法学》2008年第2期。

21. 陈兴良："限权与分权：刑事法治视野中的警察权"，载《法律科学》2002年第1期。

22. 最高人民法院政治部警务部编著：《人民法院司法警察训练教程》，人民法院出版社2019年版。

23. 马晓龙、黄婷婷："域外法警制度的基本形式及对我国检察机关司法警察制度建设的启示"，载《法制与社会》2012年第34期。

24. 王守安："司法官职务序列改革的体制突破与司法价值"，载《当代法学》2014年第1期。

25. 杨新斌："司法警察端源考证"，载《四川警察学院学报》2014年第3期。

26. 庄京伟、李群英："警察职权的配置与警察权益的保护"，载《法学杂志》2007年第5期。

27. 冯德文编著：《警察学概论》，中国人民公安大学出版社2005年版。

28. 韩延龙、苏亦工等：《中国近代警察史》，社会科学文献出版社2000年版。

29. 柳晓川主编：《公安学基础理论教程》，中国人民公安大学出版社1995年版。

30. 宋远升：《警察论》，法律出版社2013年版。

35. 王继平、金川主编：《人民法院司法警察理论与实务研究》，浙江工商大学出版社2009年版。

31. 王彦吉主编：《中外警察教育与培训》，中国人民公安大学出版社2010年版。

32. 何平主编：《司法警察队伍规范化建设与公正执法实务全书》，安徽文化音像出版社2004年版。

33. 张兆瑞编著：《中国式警察管理》，中国人民公安大学出版社2007年版。

34. 郭声琨："切实做到对党忠诚　服务人民　执法公正　纪律严明"，载《人民日报》2017年6月2日，第6版。

35. 高文英主编:《警察执法监督及行政救济案例与理论分析》,群众出版社2005年版。

36. 王晖:《香港廉政制度体系》,中国方正出版社2005年版。

37. 石子坚主编:《美国警察管理体制与执法规范》,中国人民公安大学出版社2006年版。

38. 王继平、金川主编:《人民法院司法警察理论与实务研究》,浙江工商大学出版社2009年版。

39. 钟勇生、蔡国芹主编:《人民法院司法警察制度改革与发展研究》,法律出版社2011年版。

40. GB50348－2018 安全防范工程技术标准。

41. GB50394－2007 入侵报警系统工程设计规范。

42. GB50395－2007 视频安防监控系统工程设计规范。

43. GB50396－2007 出入口控制系统工程设计规范。